CD-ROM for Windows/Mac

CD-ROMで学ぶ
初級スペイン語

Curso de español con CD-ROM

**CD-ROMでスマートに
スペイン語を学習！**

東京大学スペイン語部会　編

**Universidad de Tokio
Departamento de Español**

朝日出版社

■付属 CD-ROM の使い方■

1．動作環境
1）日本語版 Windows 95/98/NT4.0 以降のいずれかの OS または Mac の OS が動作しており，CD-ROM ドライブが内蔵あるいは接続されているパソコン．

◆ **Acrobat Reader 4.0** の必要システム（**Windows**）
・Intel i486 および Pentium，または 100％互換のプロセッサを搭載したパーソナルコンピュータ
・Microsoft Windows 95，98，または Windows NT 4.0 Service Pack3 以降
・Windows 95 および Windows 98 では，16MB 以上のメモリ
・Windows NT では，32MB 以上のメモリ

◆ **Acrobat Reader 4.0** の必要システム（**Macintosh**）
・Apple Power Macintosh コンピュータ
・Apple 漢字 Talk7.5.3 以降
・4.5MB 以上のアプリケーションメモリ（6.5MB 推奨）
・15MB 以上のハードディスク空き容量

2）アドビ(Adobe)社の Acrobat Reader がインストールされていること．本 CD-ROM コンテンツは，Acrobat Reader での閲覧に最適化された作りとなっています．必要に応じて，本 CD-ROM 収録の Acrobat Reader をインストールしてご使用ください．

3）収録音声ファイル再生．PCM 音源を再生可能なサウンドカードが必要です．

2．Acrobat Reader のインストール
※ お使いのパソコンに Acrobat 4.0，もしくは Acrobat Reader 4.0 がインストールされている場合は，以下の操作は不要です．

（Windows の場合）
1）実行中のすべてのアプリケーションを終了し，ウィルス検出用プログラムなど，常駐しているプログラムがないことを確認します．
2）本 CD-ROM を CD-ROM ドライブにセットします．

3）デスクトップ上の［マイ　コンピュータ］アイコンをダブルクリックします．

4）CD-ROM アイコン［Curso］をダブルクリックします．

5）［Acrobat］フォルダをダブルクリックすると，［ar405.jpn.exe］ファイルが表示されますので，それをダブルクリックするとインストールプログラムが起動します．

※以降は画面のメッセージにしたがってインストール作業をすすめてください．

（Macintosh の場合）

1）実行中のすべてのアプリケーションを終了し，ウィルス検出用プログラムなど，常駐しているプログラムがないことを確認します．

2）本 CD-ROM を CD-ROM ドライブにセットします．

3）デスクトップ上に［Curso］ウィンドウが表示されますので，［Acrobat］フォルダをダブルクリックしてください．

4）[Japanese Reader Installer]ファイルをダブルクリックすると，インストールプログラムが起動します．

※以降は画面のメッセージにしたがってインストール作業をすすめてください．

3．起動手順

（Windows の場合）

1）パソコン起動後，本 CD-ROM を CD-ROM ドライブにセットします．

2）デスクトップ上の ［マイ コンピュータ］アイコンをダブルクリックします．

3）CD-ROM アイコン［Curso］をダブルクリックします．

4）［index.pdf］ファイルをダブルクリックしてください．表紙ページが表示されます．

（Macintosh の場合）

1）パソコン起動後，本 CD-ROM を CD-ROM ドライブにセットします．

2）デスクトップ上に［Curso］ウィンドウが表示されますので，［index.pdf］ファイルをダブルクリックしてください．表紙ページが表示されます．

4．リンク

◆本 CD-ROM には以下のようなリンクが設定されています．学習にお役立てください．

テキストリンク：

クリックすると各項目の説明・解答・関連するファイルが閲覧できます．また，本文(Texto)の文番号をクリックすると解説にジャンプします．

音声リンク：クリックすると音声が再生されます．長文の場合はこの右上のスペースをクリックすると，コントローラが現れます．

ビデオリンク：クリックするとビデオ（ミニスキット）が再生されます．

5．注意事項その他

1) 音楽用の CD プレーヤーでは再生しないでください．
2) その他

・本書および本 CD-ROM の訂正・質問への答え，補助教材などは次のホームページに掲載していく予定です．http://gamp.c.u-tokyo.ac.jp/~ueda/curso.htm

・本製品の使用により生じたいかなる損害に対しても当社では責任を負いかねます．あらかじめご了承ください．

・Adobe，Acrobat は Adobe Systems Incorporated（アドビシステムズ社）の商標です．

・Microsoft，Windows，Windows NT は米国 Microsoft Corporation の米国及びその他の国における商標または登録商標です．

・Windows の正式名称は Microsoft Windows Operating System です．

・Apple, Macintosh は米国またはその他の国で登録された米国 Apple Computer, Inc. の商標です．

・その他，記載されているシステム名，製品名は，一般に各社の登録商標もしくは商標です．

まえがき

　この本は 12 課でスペイン語の基本的な文法を学習することを目的に作成しました．最初に文字と発音について学び，続く 12 課で文法と表現を学びます．各課は本文，本文に関する質問，文法，練習，西訳，観察，動作，表現，そして2課ごとに鑑賞という構成です．

　この本に付属する CD-ROM には，本文の訳，単語と文法事項の解説，練習問題などの解答，音声，街角の写真，ビデオ（ミニスキット），音楽の教材があります．復習や言葉の世界の広がりを知るために役立てましょう．

　初めて学ぶ外国語は，始めたらその骨組みをつかむまで一気に仕上げることが大切です．この本を終えた後は，辞書を使って各種の文章を読みながら読解力を養ったり，スペイン語で話す場面を経験しながら表現力を身につけましょう．

※大学のテキストとして使用する学生の皆さんへ

　このテキストに付属するCD-ROMには解説・解答があります．あえてこれらをCD-ROMに付したのはスペイン語部会の次の方針によるためです．

- 予習よりも復習を重視します．
- 授業中に先生が説明した後，個人・ペア・グループで練習し，その場で先生と一緒に答え合わせをします．各自が自己採点した「授業レポート」を提出します．
- 終わらなかった練習問題は各自CD-ROMで自習します（このために解説・解答が必要です）．
- 授業と復習（自習）の達成の成果を見るために，毎回翌週にワンポイントの小テストをします．

東京大学教養学部スペイン語部会

目次

(数字のあとの項目は各課の文法項目です)

■付属 CD-ROM の使い方■

まえがき

文字と発音.................8
1．アルファベート
2．母音
3．二重母音と三重母音
4．母音の分立
5．子音
6．二重子音
7．音節の切り方
8．アクセントの位置
9．綴り字の規則
10．数詞．1 から 10 まで

1課．Llego a Madrid...............15
1．現在．規則変化
2．ser と estar
3．主語人称代名詞
4．名詞の性
5．名詞の数
6．冠詞
7．数詞．11 から 20 まで

2課．Valencia..................25
1．現在．不規則変化
2．形容詞
3．a＋「人」を示す直接目的語

3課．Nostalgia................34
1．線過去．規則変化
2．線過去．不規則変化
3．人称代名詞．
　直接目的語と間接目的語
4．前置詞＋人称代名詞
5．gustar 型動詞の用法
6．数詞．21 から 40 まで

4課．Fiestas nacionales..........43
1．点過去．規則変化
2．所有形容詞
3．指示形容詞と指示代名詞
4．否定語

5課．El diario de Tomoko.......51
1．点過去．不規則変化
2．不定詞
3．数詞．41 から 199 まで

6課. Un cuento de Granada...59
1．現在完了
2．過去完了
3．関係詞
4．-mente の副詞
5．序数詞

7課. Teatro...............................69
1．未来．規則変化
2．未来完了
3．現在分詞
4．進行形
5．比較

8課. El Espíritu de la Navidad...
                                    79
1．未来．不規則変化
2．感覚・使役動詞
3．無主語文
4．数詞．200 から 1000 まで

9課. ¿Qué haría yo sin ti?......88
1．過去未来．規則変化
2．過去未来．不規則変化
3．過去未来完了
4．再帰動詞
5．ser の受動態

１０課. La Plaza Mayor..........98
1．接続法・現在．規則変化
2．接続法・現在．不規則変化
3．接続法・現在完了

１１課. Tauromaquia.............108
1．肯定の命令文
2．肯定の命令形．不規則変化
3．否定の命令文
4．数詞．1001 から 100 万まで

１２課. Carta de Tomoko......116
1．接続法・過去．規則変化
2．接続法・過去．不規則変化
3．接続法・過去完了
4．接続法・過去 se 形
5．条件文
6．願望文

■アイコンの説明■

📖→　解答・解説が CD-ROM に（あることを示します）．

🎧→ 音声が CD-ROM に．

📷→ 写真が CD-ROM に．

📺→ ビデオが CD-ROM に．

文字と発音 Pronunciación

(解説・音声は→CD-ROM)

1. アルファベート

A	a	a	J	j	jota	R	r	ere
B	b	be	K	k	ka		rr	erre
C	c	ce	L	l	ele	S	s	ese
Ch	ch	che	Ll	ll	elle	T	t	te
D	d	de	M	m	eme	U	u	u
E	e	e	N	n	ene	V	v	uve
F	f	efe	Ñ	ñ	eñe	W	w	uve doble
G	g	ge	O	o	o	X	x	equis
H	h	hache	P	p	pe	Y	y	i griega
I	i	i	Q	q	cu	Z	z	zeta

2. 母音

閉母音	i	u
開母音	e	o
	a	

1) **a, e, i, o, u.**

2) **Chile, Cuba, Colombia, América Latina.**

3. 二重母音と三重母音
＊1つの母音として扱う
1) 開母音＋閉母音：ai-re, hay, pei-ne, ley, boi-na, hoy, au-to.
2) 閉母音＋開母音：A-sia, pia-no, dien-te, pa-tio, Gua-te-ma-la.
3) 閉母音＋閉母音：ciu-dad, viu-da, ruin, muy.
4) 閉母音＋開母音＋閉母音：es-tu-diáis, Cuauh-te-moc, Pa-ra-guay.

4. 母音の分立
＊2つの母音として扱う
1) 開母音＋開母音：ba-ca-la-o, o-a-sis, eu-ro-pe-o, ta-re-a.
2) 開母音＋強勢閉母音：pa-ís, ba-úl, o-í-do.
3) 強勢閉母音＋開母音：dí-a, tí-o, e-co-no-mí-a, bú-ho.

5. 子音
- **b** [b]　　Bolivia, Colombia, Cuba.
- **c** [θ(s)]　Francia, Concepción.
- 　　[k]　　Corea, Cataluña, Ucrania.
- **ch** [tʃ]　Chile, Campeche.
- **d** [d]　　Dinamarca, India, Madrid.
- **f** [f]　　Filipinas, California.
- **g** [x]　　Argentina, Bélgica.
- 　　[g]　　Guatemala, Santiago, Hungría.
- **h** [無音]　Honduras, La Habana.
- **j** [x]　　Japón, Jerez.
- **k** [k]　　Tokio, Kioto, Kenia.
- **l** [l]　　Alemania, Lima.

Pronunciación

- **ll** [y] Sevilla, Medellín.
- **m** [m] Montevideo, Panamá.
- **n** [n] Nepal, Manila.
- **ñ** [ñ] España, Gran Bretaña.
- **p** [p] País Vasco, La Paz.
- **qu** [k] Quito, Mozambique.
- **r** [rr] Roma, Costa Rica.
-     [r] Perú, El Salvador.
- **rr** [rr] Monterrey, Marruecos.
- **s** [s] Suecia, Buenos Aires.
- **t** [t] Toledo, Italia.
- **v** [b] Valencia, Bolivia.
- **w** [w] Washington, Kuwait.
- **x** [ks] examen, Extremadura.
- **y** [y] Yucatán, Paraguay.
- **z** [θ(s)] Venezuela, Suiza.

6. 二重子音

＊１つの子音として扱う

p t c		l
b d g	+	r
f		

- **pl, pr**: tri-ple, com-pra, siem-pre.
- **bl, br**: do-ble, re-pú-bli-ca, li-bro.

Pronunciación

- **fl, fr:** in-**fl**uen-cia, Á-**fr**i-ca, su-**fr**ir.
- **cl, cr:** an-**cl**a, in-**cl**uir, es-**cr**i-bir.
- **gl, gr:** In-**gl**a-te-rra, si-**gl**o, ne-**gr**o.
- **tr:** cua-**tr**o, pa-**tr**ia.
- **dr:** Lon-**dr**es, Ma-**dr**id, pa-**dr**e.

7．音節の切り方

1) １子音 → 後ろの音節へ (二重子音は１つの子音として扱う)
   - c**a**-**s**a, c**a**-**ll**e, **a**-**rr**oz, l**i**-**br**o, s**i**-**gl**o.
2) ２子音 → 子音 ― 子音
   - pa**s**-**t**a, a**n**-**ch**o, i**n**-**gl**és.
3) ３子音 → 子音＋子音 ― 子音
   - co**ns**-**t**an-te, su**bs**-**t**an-cia, i**st**-**m**o, mo**ns**-**tr**uo.
4) 分立母音は２つの音節に分ける
   - **o**-**a**-sis, eu-ro-p**e**-**o**, p**a**-**í**s, b**a**-**ú**l.

8．アクセントの位置

1) **母音，または n, s で終わる語**は後ろから２番目の音節にアクセントがある．
   - **ca**-sa, **ai**-re, Co-**re**-a, Bo-**li**-via, **jo**-ven, **te**-nis.
2) **n, s 以外の子音で終わる語**では最後の音節にアクセントがある (**y** は子音として扱われる)．
   - Ma-**drid**, Bra-**sil**, E-cua-**dor**, Je-**rez**, Pa-ra-**guay**.

11

Pronunciación

3) これらに当てはまらない場合は**アクセント符号**をつける．
- **Mé**-xi-co, **Cá**-diz, Pa-na-**má**, Hai-**tí**, Ja-**pón**, a-**diós**.

９．綴り字の規則

発音	次の母音					語末
	i	e	a	o	u	
[θ]	ci	ce	za	zo	zu	z
[k]	qui	que	ca	co	cu	c
[x]	gi (ji)	ge (je)	ja	jo	ju	(j)
[g]	gui	gue	ga	go	gu	(g)
[gw]	güi	güe	gua	guo		

１０．数詞．１から１０まで

1 **uno**	6 **seis**
2 **dos**	7 **siete**
3 **tres**	8 **ocho**
4 **cuatro**	9 **nueve**
5 **cinco**	10 **diez**

Pronunciación

■ 練習 Ejercicios 🎧 (音声は→CD-ROM)

1．次の国名を発音しなさい．
1) España, Francia, Inglaterra (Reino Unido), Alemania, Italia, Estados Unidos.
2) México, Guatemala, Honduras, El Salvador, Nicaragua, Costa Rica, Panamá.
3) Cuba, República Dominicana, Puerto Rico.
4) Colombia, Venezuela, Ecuador, Perú, Bolivia, Paraguay, Uruguay, Chile, Argentina.
5) Japón, Rusia, Corea, China, Filipinas, India.

2．次の都市名を発音しなさい．
1) Madrid, París, Londres, Berlín, Roma, Washington.
2) Ciudad de México, Ciudad de Guatemala, Tegucigalpa, San Salvador, Managua, San José, Ciudad de Panamá.
3) La Habana, Santo Domingo, San Juan.
4) Santafé de Bogotá, Caracas, Quito, Lima, La Paz, Asunción, Montevideo, Santiago, Buenos Aires.
5) Tokio, Moscú, Seúl, Pekín, Manila, Nueva Delhi.

Pronunciación

3．次の人名を発音しなさい．

1) Pablo, Juan, Carlos, Francisco, Pedro, Jesús, Antonio, Vicente, César, Javier.

2) Ana, Carmen, María, Blanca, Cristina, Elena, Rosa, Charo, Begoña, Mercedes, Laura.

4．次の挨拶を発音しなさい．

1) Buenos días. Buenas tardes. Buenas noches.
2) ¿Cómo está usted? - Muy bien, gracias.
3) Muchas gracias. - De nada.
4) ¡Hola! ¿Qué tal?
5) ¡Adiós! ¡Hasta mañana!

■ 動作 **Un poco de movimiento** （ビデオは→CD-ROM）

1)

A: ¡Hola, buenos días, Inma!

B: Hola, ¿qué tal? **(beso)**

2)

A: Buenas tardes, Sr. Ramírez, ¿cómo está?

B: Bien, ¿y usted? **(manos)**

1課 Lección 1

■ 本文 Texto 📖 🎧 (解説・音声は→CD-ROM)

[1]Llego a Madrid.

[2]Cuando viajo por Europa, siempre visito España. [3]Está en el sur de Europa. [4]Los habitantes de España hablan español. [5]La capital de España es Madrid. [6]En Madrid viven cuatro millones de habitantes. [7]Es una ciudad ruidosa y con mucho tráfico. [8]Sin embargo, es famosa por algunos museos. [9]Visito con frecuencia el Museo del Prado. [10]Allí están los geniales cuadros de Velázquez, Goya y otros pintores.

[11]En Madrid viven muchos amigos míos, por ejemplo, Pedro. [12]Pedro trabaja en un hospital. [13]Es médico. [14]Elvira es la esposa de Pedro. [15]Elvira es profesora en un instituto. [16]Pedro y Elvira me reciben con alegría cuando llego a Madrid. [17]Los tres juntos recorremos la ciudad y tomamos café en las terrazas del paseo de Recoletos. [18]Mientras hablamos animadamente y me preguntan cosas sobre Japón, siempre hablan de viajar a mi país. [19]Espero tomar café con Pedro y Elvira en mi país pronto.

Lección 1

■ 質問 Preguntas (解答・音声は→CD-ROM)

1) ¿Dónde está España?
2) ¿Dónde trabaja Pedro?
3) ¿Cuál es el nombre de la mujer de Pedro?
4) ¿Dónde toman café los personajes del texto?
5) ¿De qué hablan siempre Pedro y Elvira?

■ 文法 Gramática (解説・音声は→CD-ROM)

1. 現在．規則変化

-ar 動詞 **cantar**	
cant-*o*	cant-*a*-mos
cant-*a*-s	cant-*á*-is
cant-*a*	cant-*a*-n

-er 動詞 **comer**	
com-*o*	com-*e*-mos
com-*e*-s	com-*é*-is
com-*e*	com-*e*-n

-ir 動詞 vivir	
viv-*o*	viv-*i*-mos
viv-*e*-s	viv-ís
viv-*e*	viv-*e*-n

(→☆練習1)

2. ser と estar

ser	
soy	somos
eres	sois
es	son

estar	
estoy	estamos
estás	estáis
está	están

＊**ser** ：「性質」や「種類」を表す．主語と述語をつなぐ．
＊**estar** ：「状態」や「所在」を表す．

(→☆練習2, 3)

3．主語人称代名詞

人称	性	単数	複数
1人称	男性	yo	nosotros
	女性		nosotras
2人称	男性	tú	vosotros
	女性		vosotras
3人称	男性	él	ellos
	女性	ella	ellas
	敬称	usted	ustedes

（→☆練習4）

4．名詞の性

生物：その自然の性と一致する．

男性	**hombre**	**niño**	**toro**
女性	**mujer**	**niña**	**vaca**

無生物：語尾によって区別できる場合が多い．

男性	libro	vaso	vino
女性	pluma	mesa	casa

- la canción, la universidad

5．名詞の数

- 母音で終わる語：s をつける． **casa** →**casas, clase** →**clases**
- 子音で終わる語：es をつける． **flor** →**flores, árbol** →**árboles**
- **canción → canciones, japonés → japoneses**
- **examen → exámenes**

6．冠詞

定冠詞

	単数	複数
男性	**el**	**los**
女性	**la**	**las**
中性		**lo**

不定冠詞

	単数
男性	**un**
女性	**una**

Lección 1

* 複数形の **unos** と **unas** は「いくつかの」という意味の不定形容詞.

(→ ☆練習5)

7. **数詞. 11 から 20 まで**

11 **once**	16 **dieciséis**
12 **doce**	17 **diecisiete**
13 **trece**	18 **dieciocho**
14 **catorce**	19 **diecinueve**
15 **quince**	20 **veinte**

■ 練習 Ejercicios (解答・音声は→CD-ROM)

1. 例のように次の質問に答えなさい.

Ejemplo: ¿Dónde trabajas? (en un hospital)
　　　→ Trabajo en un hospital.

1) ¿Dónde estudias? (en una universidad)
2) ¿Dónde trabajáis? (en una compañía)
3) ¿Qué compra Ud.? (un libro)
4) ¿Cuándo compramos el pan? (hoy)
5) ¿Dónde compras la comida? (en un mercado)

Lección 1

6) ¿Dónde comen ustedes? (en un restaurante)

7) ¿Qué bebe Juan? (un refresco)

8) ¿Dónde vive (él)? (en Tokio)

2．空欄に SER または ESTAR の正しい形を入れなさい．

1) Yo _____ estudiante de español.

2) Nosotros _____ japoneses.

3) ¿Cómo _____ usted?

4) El libro _____ interesante.

5) La mesa no _____ de madera; _____ de cristal.

6) ¿Dónde _____ la calle Mayor?

7) La sopa _____ muy caliente.

8) Los estudiantes _____ sentados, pero el profesor _____ de pie.

3．例のように次の質問に答えなさい．

Ejemplo: ¿Eres estudiante (Sí) → Sí , soy estudiante.

Ejemplo: ¿Eres abogado? (No) → No, no soy abogado.

1) ¿Estudias español? (Sí)

2) ¿Recorremos la ciudad? (Sí)

3) ¿Es Julia enfermera? (No)

4) ¿Es David arquitecto? (Sí)

5) ¿Es Fernando médico? (No)

6) ¿Sois músicos? (Sí)

7) ¿Estás cansada? (No)

8) ¿La estación está cerca de aquí? (No)

Lección 1

4. 適当な人称代名詞を入れなさい．

1) _____ enseña español.
2) _____ comemos en casa de la abuela.
3) _____ bebo vino en las comidas.
4) _____ están en el cuarto de invitados.
5) _____ cantáis flamenco.
6) _____ está en Inglaterra.
7) _____ somos estudiantes de universidad.
8) ¿ _____ tomas refresco?

5. 下線部に冠詞を入れなさい．

1) ¿Dónde está _____(定冠詞) profesora?
2) Nosotros comemos paella en _____(定冠詞) playa.
3) Él trabaja en _____(定冠詞) oficina.
4) Estoy en casa de ___(定冠詞) abuela.
5) Yo estudio en _____ (定冠詞) Universidad de Madrid.
6) ¿A qué hora llegan _____ (定冠詞) invitados?
7) ¿Dónde viven _____ (定冠詞) estudiantes?
8) El tiempo pasa como _____ (不定冠詞) flecha.

■ 西訳 Traducción (解答・音声は→CD-ROM)

1) 君は歌がとても上手だ(cantar muy bien). —ありがとう.
2) いつあなたはメキシコシティー(Ciudad de México)に着きますか？ —4月5日の午後です. (El día 5 de abril, por la tarde.)
3) （私たち）一緒に食事をしましょうか？ —ええ, 喜んで. (Sí, con mucho gusto.)
4) 君はどこに住んでいるの？ —大学のそば(cerca de)だよ.
5) あなたは疲れていますか？ —いいえ, 大丈夫です(estar bien).

■ 観察 Paseando por la calle (写真は→CD-ROM)

1) Taxi
2) Metro

■ 動作 Un poco de movimiento (ビデオは→CD-ROM)

1)

A: Luis, tú hablas muy bien inglés, ¿no?
B: *¿Yo?* ¡No!

2)

A: ¿Cómo estás, Juan ?
B: ¡Uff!, estoy *hasta aquí* de trabajo.

Lección 1

■ 表現 **Cuéntanos tus ideas.** 🎧 (音声は→CD-ROM)

¿Cómo eres?

次の質問にこたえながら簡単な自己紹介の文を作りましょう．

Por ejemplo:

- ¿De dónde eres?
- ¿Trabajas o estudias?
- ¿Dónde trabajas / estudias?
- ¿Estudias mucho?
- ¿Eres estudioso?
- ¿Dónde vives?
- ¿Dónde está tu casa?

2課 Lección 2

■ 本文 Texto 📖 🎧(解説・音声は→CD-ROM)

[1]Valencia

Juan: [2]Tengo un apartamento en un pueblo de Valencia y voy un par de veces al año.

Tomoko: [3]No sé dónde está Valencia.

Juan: [4]Valencia está al este de la Península Ibérica.

Tomoko: [5]¿Es un lugar bonito?

Juan: [6]Sí, tienen unas playas estupendas y un clima muy agradable. [7]Además es famosa por la paella, y la huerta valenciana produce gran cantidad de naranjas. [8]Muchos españoles, cuando llega el verano, huyen de las grandes ciudades y van a las numerosas playas turísticas del litoral del país.

Tomoko: [9]¿Dónde puedo encontrar buenas playas en España?

Juan: [10]Creo que están en Andalucía y en las islas Canarias.

Tomoko: [11]¿Por qué no me cuentas algo más sobre Valencia?

Juan: [12]Sí, por ejemplo en marzo tenemos en Valencia la fiesta de las Fallas. [13]En toda la ciudad podemos ver enormes muñecos de cartón de distintos temas. [14]Los muñecos cuestan muchísimos millones de pesetas y son muy hermosos. [15]El día 19 a media noche los muñecos arden junto con miles de fuegos artificiales. [16]La ciudad durante

Lección 2

unos minutos parece el infierno. [17]Por último todos escuchan el himno valenciano.

■ 質問 Preguntas (解答・音声は→CD-ROM)

1) ¿Dónde tiene Juan un apartamento?
2) ¿Cuántas veces al año va Juan a Valencia?
3) ¿Dónde está Valencia?
4) ¿Por qué es famosa Valencia?
5) ¿Qué día celebran en Valencia la fiesta de las Fallas?

■ 文法 Gramática (解説・音声は→CD-ROM)

1．現在．不規則変化

1) 母音変化動詞

pensar		contar	
p*ie*nso	pensamos	c*ue*nto	contamos
p*ie*nsas	pensáis	c*ue*ntas	contáis
p*ie*nsa	p*ie*nsan	c*ue*nta	c*ue*ntan

Lección 2

pedir	
p*i*do	pedimos
p*i*des	pedís
p*i*de	p*i*den

(→☆練習1)

2）zc の動詞と g の動詞

- **conocer** → **cono*z*co,** conoces, conoce, conocemos, conocéis, conocen
- **hacer** → **ha*g*o,** haces, hace, hacemos, hacéis, hacen
- **poner** → **pon*g*o,** pones, pone, ponemos, ponéis, ponen
- **salir** → **sal*g*o,** sales, sale, salimos, salís, salen
- **caer** → **cai*g*o,** caes, cae, caemos, caéis, caen
- **traer** → **trai*g*o**, traes, trae, traemos, traéis, traen
- **oír** → **oi*g*o,** o*y*es, o*y*e, o*í*mos, oís, o*y*en
- **tener** → **tengo, t*ie*nes, t*ie*ne,** tenemos, tenéis, **t*ie*nen**
- **venir** → **vengo, v*ie*nes, v*ie*ne,** venimos, venís, **v*ie*nen**
- **decir** → **d*i*go, d*i*ces, d*i*ce,** decimos, decís, **d*i*cen**

(→☆練習2)

3）その他

- **ir** → *voy, vas, va, vamos, vais, van*
- **dar** → **do*y*,** das, da, damos, d*a*is, dan

Lección 2

- **saber** → **s**é, sabes, sabe, sabemos, sabéis, saben
- **ver** → **v**eo, ves, ve, vemos, veis, ven
- **huir** → **hu**y**o, hu**y**es, hu**y**e,** huimos, huís, **hu**y**en**

(→☆練習3, 4)

2．形容詞

性	単数	複数	単数	複数
男性	blanco	blancos	español	españoles
女性	blanca	blancas	española	españolas

性	単数	複数	単数	複数
男性	verde	verdes	azul	azules
女性	verde	verdes	azul	azules

＊名詞＋形容詞
- un lugar **bonito**
- unas playas **estupendas** y un clima muy **agradable**

＊形容詞＋名詞
- **muchos** españoles, las **grandes** ciudades, las **numerosas** playas

(→☆練習5)

Lección 2

3．a＋「人」を示す直接目的語

- ¿Conoces **a** Juan?
- Conozco **al** Sr. López.
- Conozco Madrid.

■ 練習 Ejercicios　(解答・音声は→CD-ROM)

1．次の文の母音変化動詞（太字）を活用させなさい．

1) ¿Adónde **pensar** ir usted estas vacaciones?
2) ¿No **querer** (tú) ir a la escuela?
3) Yo **dormir** en el Hotel Villa Real esta noche.
4) Todas las noches la madre le **contar** un cuento al niño.
5) ¿**Poder** (tú) venir hoy?
6) **Sentir** (yo) no poder ir con ustedes al teatro.
7) ¿Qué **pedir** (tú) para beber?
8) Todos los años **repetir** (ellos) la misma fiesta.

2．次の文の zc の動詞と g の動詞（太字）を活用させなさい．

1) Yo no **conocer** España.
2) ¿Tú **conocer** a Víctor?
3) Hoy yo no **hacer** los ejercicios.
4) ¿Qué **traer** (tú) en la bolsa?
5) Hoy yo **tener** el examen de matemáticas.

Lección 2

6) ¿**Tener** usted frío?

7) ¿**Venir** (tú) a la facultad todos los días?

8) ¿Qué **decir** el periódico?

3. 次の文の不規則動詞（太字）を活用させなさい．

1) ¿**Ir** Ud. al Museo del Prado hoy?

2) ¿Adónde vais? —**Ir** a la universidad.

3) **Ir** (yo) a pasear por el parque.

4) ¿Te **dar** (yo) la dirección de José?

5) ¿**Saber** Ud. el resultado del partido de fútbol?

6) ¿**Saber** (tú) dónde está Valencia?

7) ¿**Ver** (tú) la televisión todas las noches?

8) Los habitantes de la región **huir** de las inundaciones.

4. 例のように質問に答えなさい．

Ejemplo: ¿Cuántos años **tienes**? (18 años) → **Tengo** 18 años.

1) ¿Adónde **vais** de vacaciones? (a Palma de Mallorca)

2) ¿Ud. **ve** la televisión todos los días? (Sí)

3) ¿**Tienen** ellos invitaciones para la fiesta? (No)

4) ¿Cuándo **ves** a Carmen en la parada del autobús? (todos los días)

5) ¿**Hacéis** deporte los sábados? (Sí)

6) ¿Cuántas horas **duerme** Ud.? (ocho horas)

7) ¿Cuántos hermanos **tiene** José? (tres hermanos)

8) ¿Adónde **vas** los fines de semana? (a la playa)

5．**例のように質問文を作りなさい．**

Ejemplo: Él es de Londres. → ¿Es **inglés**?

1) Yo soy de Tokio. (¿Eres ...?)
2) Nosotros somos de Buenos Aires. (¿Sois ...?)
3) El profesor es de Madrid. (¿Es ...?)
4) Son de Roma. (¿Son ...?)
5) Ella es de Berlín. (¿Es ...?)
6) Soy de Lisboa. (¿Eres ...?)
7) Son de París. (¿Son ...?)
8) Somos de Lima. (¿Sois ...?)

■ **西訳 Traducción** (解答・音声は→CD-ROM)

1) あなたは明日(mañana)何をなさいますか(piensa hacer)？ー少し休むつもりです(Voy a descansar un poco).
2) 残念だが私は今日出かけられません(Siento no poder...). ーそれは残念です！(¡Qué pena!)
3) 君は今日スペイン語の試験(examen de español)がある(tenemos)ことを知っている？ー本当？(¿De veras?)
4) 私はおなかがすいた(tener hambre)し，のどもかわいた(sed). ーそれなら(entonces)，バル(bar)に行こう．
5) 私はこの飲み物(esta bebida)を知りません(no conocer). ーシェリー酒(jerez)だよ．

Lección 2

■ 観察 Paseando por la calle （写真は→CD-ROM）

1) Lotería.

2) 1 x 2, quinielas.

■ 動作 Un poco de movimiento （ビデオは→CD-ROM）

1)

(La persona que no habla enseña dinero o tarjetas al ir a pagar.)

A: Éste *tiene dinero*.

B: *Sí*.

2)

A: ¿Qué van a tomar?

B: Yo, un café.

C: Yo también, pero con *un poquito de leche*.

Lección 2

■ 表現 **Cuéntanos tus ideas.** (音声は→CD-ROM)

¿Qué puedes hacer? ¿Qué quieres hacer?

世界には飢えに苦しむ子供たちが沢山います．以下の表現を参考に，**poder**と**querer**を使ってあなたが彼らに対してしてあげたいことや今の時点でしてあげられることを考え表現してみましょう．

Por ejemplo:

- **Para ellos, quiero trabajar en organizaciones de voluntariado.**
- mandar juguetes usados, libros, ropas usadas
- enviar dinero
- investigar las causas de la pobreza
- hablar de los problemas con los amigos
- visitar los países pobres para conocer la situación

■ 鑑賞 **Escuchemos la música.** (歌詞・音声は→CD-ROM)

LOS LABRADORES

3課 Lección 3

■ 本文 Texto 📖 🎧 (解説・音声は→CD-ROM)

¹**Nostalgia**

²Hace muchos años, cuando yo era niño, mi familia y yo vivíamos en un pequeño pueblo. ³Estaba a la orilla del mar. ⁴Por la mañana yo iba a pescar con el abuelo. ⁵Nosotros navegábamos en una pequeña barca. ⁶Al principio no soportaba bien el frío, pero más tarde el sol nos calentaba. ⁷Todos los días pescábamos durante cuatro horas y luego regresábamos al puerto.

⁸En el puerto las mujeres de los pescadores reparaban las redes con paciencia. ⁹Mientras los pescadores vendían el pescado, yo les miraba con curiosidad. ¹⁰Más tarde recorría el pueblo con dos amigos. ¹¹Nosotros jugábamos e imaginábamos que pescábamos grandes ballenas.

¹²A la abuela la veía siempre alegre. ¹³Cantaba canciones antiguas mientras cocinaba. ¹⁴Ella me alegraba con cuentos antiguos de valientes marinos.

¹⁵Conmigo siempre andaba un perro vagabundo. ¹⁶Le llamaba Nostalgia, porque siempre miraba con tristeza el horizonte marino. ¹⁷Creía que él esperaba el regreso de alguien. ¹⁸Hoy la nostalgia es para mí.

Lección 3

■ 質問 Preguntas 📖 🎧 (解答・音声は→CD-ROM)

1) ¿Dónde vivía hace mucho tiempo el protagonista del texto?
2) ¿Cuándo pescaban el protagonista y el abuelo?
3) ¿Qué hacían las mujeres de los pescadores?
4) ¿Cuándo cantaba canciones la abuela?
5) ¿Cómo llamaba el protagonista al perro?

■ 文法 Gramática 📖 🎧 (解説・音声は→CD-ROM)

1. 線過去．規則変化

-ar 動詞 **cantar**	
cant-*aba*	cant-*ába*-mos
cant-*aba*-s	cant-*aba*-is
cant-*aba*	cant-*aba*-n

-er 動詞 **comer**		-ir 動詞 **vivir**	
com-*ía*	com-*ía*-mos	viv-*ía*	viv-*ía*-mos
com-*ía*-s	com-*ía*-is	viv-*ía*-s	viv-*ía*-is
com-*ía*	com-*ía*-n	viv-*ía*	viv-*ía*-n

(→☆練習1)

Lección 3

2．線過去．不規則変化

- ser → *era, eras, era, éramos, erais, eran*
- ir → *iba, ibas, iba, íbamos, ibais, iban*
- ver → *veía, veías, veía, veíamos, veíais, veían*

(→☆練習2)

3．人称代名詞．直接目的語と間接目的語

＊1人称と2人称

性	単数	複数
1人称	**me**	**nos**
2人称	**te**	**os**

＊3人称
直接目的語

性	単数	複数
男性	**lo**	**los**
女性	**la**	**las**

間接目的語

性	単数	複数
男性／女性	le	les

＊これらの代名詞は活用している動詞の前につける．

- **Te** invito a cenar.
- ¿**Me** esperas aquí?

＊間接目的語＋直接目的語の順

- ¿Me prestas tus apuntes? －Sí, **te los** presto mañana.

＊間接目的語の se

- Te enseño el libro. → **Te lo** enseño.
- Le enseño el libro. → **Se lo** enseño.

＊直接目的語 le のスペイン用法．男性単数の「人」

- No **le** conozco muy bien.
- **Le** invito a usted a comer.

(→☆練習3)

4．前置詞＋人称代名詞

- 1人称単数 (yo) → **mí**（ただし con + mí → **conmigo**）
- 2人称単数 (tú) → **ti**（ただし con + ti → **contigo**）
- その他は主語人称代名詞と同じ．

(→☆練習4)

Lección 3

5．gustar 型動詞の用法

- Me **gusta** esta chaqueta.
- Me **gusta** mucho pasear por esta calle.
- Me **gustaban** las casas blancas de Andalucía.
- ¿Te **interesa** esta novela?　－Sí, me **interesa** mucho.

6．数詞．21 から 40 まで

21 **veintiuno**	31 **treinta y uno**
22 **veintidós**	32 **treinta y dos**
23 **veintitrés**	33 **treinta y tres**
24 **veinticuatro**	34 **treinta y cuatro**
25 **veinticinco**	35 **treinta y cinco**
26 **veintiséis**	36 **treinta y seis**
27 **veintisiete**	37 **treinta y siete**
28 **veintiocho**	38 **treinta y ocho**
29 **veintinueve**	39 **treinta y nueve**
30 **treinta**	40 **cuarenta**

(→☆練習5)

Lección 3

■ 練習 Ejercicios （解答・音声は→CD-ROM）

１．例のように文を作りなさい．

Ejemplo: Antes yo vivir en España, pero ahora vivir en Japón.

→ Antes yo vivía en España, pero ahora vivo en Japón.

1) Antes tú comer paella todos los domingos, pero ahora no comer paella.
2) Ahora Mario trabajar en un restaurante, pero en el pasado estudiar en la universidad.
3) En la actualidad el señor vivir en una casa grande, pero antes vivir en un apartamento pequeño.
4) Antes yo viajar con amigos, pero ahora viajar sola.
5) Ahora ella tocar el piano, pero antes tocar la guitarra.
6) Antes nosotros escribir cartas, pero ahora llamar por teléfono.
7) Antes gustarme la carne, ahora gustarme el pescado.
8) Antes tú leer libros, ahora leer revistas.

２．次の動詞（太字）を線過去で活用させなさい．

1) Cuando ser (ella) joven, vivir en Barcelona.
2) Cuando ser (nosotras) niñas, comer mucha paella.
3) Cuando estar (ellos) en el monte, cantar a la luz de la hoguera.
4) Cuando viajar (vosotros), sacar muchas fotos.
5) Cuando ser (nosotros) niños, ir juntos al colegio.
6) Cuando yo vivir aquí, comprar fruta en el mercado.
7) Cuando ser (tú) estudiante, estudiar todos los días en la escuela.

Lección 3

8) Cuando yo **ser** niña, **ver** mucho la televisión.

3．太字の単語を適当な代名詞に置き換えなさい．

Ejemplo: Jesús abre **la puerta**. → Jesús **la** abre.

1) Pedro os devuelve **los libros** hoy.

2) Ella **le** decía **la verdad**.

3) Anoche Jorge buscaba **a Blanca**.

4) Enrique me ofrece **un trabajo**.

5) La madre pone **el abrigo al niño**.

6) Charo escribe **una carta a Daniel** todos los días.

7) Loli llama por teléfono **a David**.

8) Antonio bebe **unas cervezas** todas las noches.

4．人称代名詞を正しい前置詞(para, con)をつけて入れなさい．

Ejemplo: Él viene ___ (nosotros). → Él viene **con nosotros**.

1) Luisa hablaba ___ (yo) en español.

2) Esta medicina es ___ (tú).

3) Manuel está ___ (yo) en la clase.

4) Pedro compra un regalo ___ (vosotros).

5) Yo trabajo ___ (Ud.) en la misma oficina.

6) Yolanda habla ___ (nosotros) de su hermano.

7) Silvia va ___ (tú).

8) ¿Este café es _____ (yo)?

5．次の数字をスペイン語でつづりなさい．

1) Tengo _____ (34) años.

Lección 3

2) El día _____(23) salimos para Perú.

3) Tienes sólo _____(11) años.

4) Entonces él tenía _____(28) años.

5) Mi talla es la _____ (36).

6) Veo _____(18) coches en el aparcamiento.

7) Hace _____(25) años, yo estudiaba en Barcelona.

8) Dentro de _____(40) minutos, llegamos a Madrid.

■ 西訳 Traducción (解答・音声は→CD-ROM)

1) 少年(el chico)はいつも(siempre)海を見ていた．

2) 私の父(mi padre)は当時 (entonces)メキシコで働いていた．

3) 私が子供のとき，母(mi madre)は私に字の書き方を教えていた(enseñar a escribir)．

4) 最初は(al principio)スペイン語の文法(gramática española)がとてもむずかしかった．―今はどう？(¿Y qué tal ahora?)

5) 私たちは田舎(campo)の澄んだ空気(aire puro)が好きだった．―都会は好きではないの？

■ 観察 Paseando por la calle (写真は→CD-ROM)

1) Flores y plantas.

2) Desayunos.

Lección 3

■ 動作 Un poco de movimiento （ビデオは→CD-ROM）

1)

A: ¿Te queda mucho trabajo?

B: ¡Ufff! *Mucho*.

2)

A: ¿Qué tal en Sevilla?

B: *Uff*, salíamos todas las noches y volvíamos muy tarde a casa.

■ 表現 Cuéntanos tus ideas. （音声は→CD-ROM）

Cuando eras pequeño / pequeña, ¿qué hacías?

小さい時の習慣やよくしていたことを思い出して話してみましょう.

Por ejemplo:

- **Cuando yo era niño / niña, aprendía piano.**
- vivir en el campo
- no poder salir solo / sola
- ayudar a los padres
- ver la televisión varias horas al día
- escribir a los abuelos
- jugar al béisbol
- pelear con los amigos

4課 Lección 4

■ 本文 Texto 📖 🎧 (解説・音声は→CD-ROM)

[1]Fiestas nacionales

Tomoko: [2]La Feria de Abril de Sevilla es una fiesta muy interesante, ¿verdad?

Juan: [3]Sí, es una fiesta de gran colorido y diversión. [4]Yo disfruté mucho la última vez que asistí a la Feria. [5]Sevilla es una ciudad preciosa y aquel año estaba llena de flores y disfrutamos de un tiempo maravilloso. [6]Cuando llegamos a la ciudad, todos los habitantes de Sevilla usaban los trajes típicos. [7]La fiesta comenzó esa misma noche, las calles estaban llenas de música y todo el mundo bailaba, bebía...

Tomoko: [8]Parece una fiesta muy divertida.

Juan: [9]Sí, en España existen varias fiestas populares famosas como la de San Fermín en Pamplona.

Tomoko: [10]Ah, sí, de esta fiesta habla Hemingway en uno de sus libros. [11]¿Es peligrosa?

Juan: [12]Sí, las personas corren delante de los toros por las calles de la ciudad. [13]Yo una vez corrí delante de los toros en Pamplona. [14]Mientras corría, perdí el equilibrio y terminé en el suelo.

Tomoko: [15]¿Y qué ocurrió?

Lección 4

Juan: [16]Escapé hasta la fachada de una casa y escondí la cabeza entre los brazos.
Tomoko: [17]¡Qué miedo!
Juan: [18]Más miedo pasé yo.

■ 質問 Preguntas (解答・音声は→CD-ROM)

1) ¿De qué dos fiestas habla Juan en el texto?
2) ¿En qué ciudades se realizan (celebran) estas dos fiestas?
3) ¿Cómo están las calles de Sevilla en la Feria de Abril?
4) ¿Quién escribió una novela sobre la fiesta de San Fermín?
5) ¿Qué ocurrió mientras Juan corría?

■ 文法 Gramática (解説・音声は→CD-ROM)

1．点過去．規則変化

-ar 動詞 cantar	
cant-*é*	cant-*a*-mos
cant-*a*-ste	cant-*a*-steis
cant-*ó*	cant-*a*-ron

-er 動詞 **comer**		-ir 動詞 **vivir**	
com-*í*	com-*i*-mos	viv-*í*	viv-*i*-mos
com-*i*-ste	com-*i*-steis	viv-*i*-ste	viv-*i*-steis
com-*ió*	com-*ie*-ron	viv-*ió*	viv-*ie*-ron

(→☆練習1, 2)

2．所有形容詞

人称	前置形(無強勢)		後置形(強勢)	
1人称	mi	nuestro	mío	nuestro
2人称	tu	vuestro	tuyo	vuestro
3人称	su	su	suyo	suyo

- mi, tu, su は複数形(s)がある． → mis, tus, sus
- mío, tuyo, suyo, nuestro, vuestro は女性形(a)と複数形(s)がある．

- **mío**　　→　míos, mía, mías
- **tuyo**　　→　tuyos, tuya, tuyas
- **suyo**　　→　suyos, suya, suyas
- **nuestro**　→　nuestros, nuestra, nuestras
- **vuestro**　→　vuestros, vuestra, vuestras

(→☆練習3)

Lección 4

3．指示形容詞と指示代名詞

1）指示形容詞

性	近称		中称		遠称	
	単数	複数	単数	複数	単数	複数
男性	este	estos	ese	esos	aquel	aquellos
女性	esta	estas	esa	esas	aquella	aquellas

2）指示代名詞

＊指示形容詞にアクセント符号をつける．
- **éste, éstos, ésta, éstas**
- **ése, ésos, ésa, ésas**
- **aquél, aquéllos, aquélla, aquéllas**

＊指示代名詞には次の中性形がある．
- **esto, eso, aquello**

(→☆練習4)

4．否定語

代名詞：**nadie, nada, ninguno (ninguna)**
形容詞：**ninguno [ningún] (ninguna)**
副詞　：**nunca, ni, jamás, tampoco, apenas**
接続詞：**ni, ni... ni...**

Lección 4

*no＋動詞＋否定語　→　否定語＋動詞

(→☆練習5)

■ 練習 Ejercicios （解答・音声は→CD-ROM）

1．太字の動詞を点過去で活用させなさい．

1) Yo **comer** en ese restaurante ayer.
2) Yolanda y Patricia **vivir** en Barcelona el año pasado.
3) Juan **trabajar** ayer por la tarde.
4) México **ganar** algunas medallas en las últimas Olimpiadas.
5) Pedro y yo te **llamar** por teléfono el lunes pasado.
6) Mis padres **comprar** esta casa el año pasado.
7) En la última fiesta Juan **beber** mucho.
8) Ayer Carmen y tú **llegar** tarde a la clase de español, ¿verdad?

2．点過去と線過去を用いて文を作りなさい．

Ejemplo: (ellos) **Llamar** por teléfono, mientras (yo) **trabajar**.

　　→ **Llamaron** por teléfono, mientras **trabajaba**.

1) **Recibir** (nosotros) cartas suyas, mientras **viajar** (nosotros).
2) Yo **tomar** un baño, cuando **sonar** el teléfono.
3) Yo **prestar** dinero, porque él no **trabajar**.
4) Mientras yo **estudiar** en la biblioteca, mis amigos **preparar** la fiesta sorpresa.
5) Mientras yo **vivir** aquí, **hablar** con él tres veces.

Lección 4

---

6) **Llegar** (ellos), cuando **escribir** (yo) la carta.

7) Cuando Luis **pasear** por la calle, **encontrar** una librería muy buena.

8) **Aprender** (yo) muchas cosas, cuando **estudiar** (yo) en España.

３．例のように質問に答えなさい．

Ejemplo: ¿Es grande **tu** casa? (No) → No, **mi** casa no es grande.

Ejemplo: ¿Este libro es **tuyo**? (Sí) → Sí, es **mío**.

1) ¿Es interesante **tu** trabajo? (Sí)

2) ¿**Vuestro** país tiene muchos habitantes? (No)

3) ¿**Tu** ordenador es nuevo? (Sí)

4) ¿**Tu** hermana es alta? (No)

5) ¿Esta chaqueta es **tuya**? (Sí)

6) ¿Esta casa es **vuestra**? (No)

7) ¿Este disco es **suyo** (de Ud.)? (Sí)

8) ¿Este bolígrafo es **tuyo**? (No)

４．次の指示詞（太字）を変化させなさい．

1) **Este** casa es mía.

2) **Este** coche es mío y **ése** es suyo.

3) **Ese** relojes están rotos.

4) ¿Qué es **éste**? ― **Éste** es un espejo.

5) **Este** cuadros son de Dalí.

6) ¿Qué es **ése**? ― **Ése** es un abridor.

7) **Este** libro es interesante, pero **ése** es aburrido.

8) Me gusta **este** chaqueta, pero **aquél** no.

Lección 4

5. 下線部に適当な否定語を入れなさい．

1) _____ comprende esta situación.

2) Su tesis no aporta _____ nuevo.

3) _____ de estos libros me gustó.

4) No me interesó _____ libro.

5) No fumo _____ .

6) Pepe es muy tranquilo. _____ tiene prisa.

7) Creo que Luisa no me quiere, pero _____ me odia.

8) _____ me falta _____ me sobra una peseta.

■ 西訳 Traducción (解答・音声は→CD-ROM)

1) 私はスペインで多くの都市を訪ねました．―たとえば(por ejemplo), どの都市ですか？

2) 私は彼の手紙を受け取ったが返事を書かなかった．―なぜ(¿Por qué...?)返事を書かなかったの？

3) 15年前に私は大学でスペイン語を学びました．―当時の(de entonces)大学はどんな様子でしたか(¿Cómo era...?)？

4) 君は今日の授業(lección de hoy)の予習をして(preparar)おくべきだったね (deber)．―うん，わかっているんだけど…(Sí, ya sé, pero...)

5) 私はこの靴(estos zapatos)は好きだけれど，それは嫌いだ．―あれはどう？(¿Qué tal aquéllos?)

Lección 4

■ 観察 **Paseando por la calle**　(写真は→CD-ROM)

1) Acceso (de) peatones.

2) Madrid recicla sus pilas usadas.

■ 動作 **Un poco de movimiento**　(ビデオは→CD-ROM)

1)

A: ¿Cuántos viajasteis a Barcelona?

B: A ver, *uno, dos, tres... doce*.

2)

A: ¿Me prestas dinero, Luis?

B: ¡Uff !... No tengo nada. *Estoy a dos velas*.

■ 表現 **Cuéntanos tus ideas.**　(音声は→CD-ROM)

¿Cuándo naciste?

あなたの人生・家族にとって大切な出来事を話してください．

Por ejemplo:

- **A la edad de seis años, entré en la escuela primaria.**
- cambiar de casa
- pasar algún examen
- ganar algún premio
- participar en alguna actividad
- viajar a alguna parte

■ 鑑賞 **Escuchemos la música.**　(歌詞・音声は→CD-ROM)

ERES ALTA Y DELGADA

5課 Lección 5

■ 本文 Texto 📖 🎧 (解説・音声は→CD-ROM)

¹**El diario de Tomoko**

²Salamanca, 1 de julio de 2000

³Escribo hoy en este diario, antes de comenzar las vacaciones de verano, época que quiero aprovechar para viajar. ⁴Quiero ir a Andalucía pero todavía no tengo planes. ⁵Estoy agotada por el curso de español y Salamanca es una ciudad hermosa pero demasiado tranquila. ⁶Necesito un cambio de aires.

⁷Recuerdo ahora con mucho cariño mis últimas vacaciones en Barcelona, con Elvira y su marido. ⁸Anduvimos durante tres días por las avenidas de aquella hermosa ciudad. ⁹También recuerdo aquellas noches. ¹⁰¡El hotel era terrible! ¹¹No puedo olvidar el número de mi habitación, la 188, oscura y ruidosa. ¹²De cualquier manera, yo iba por todos los sitios con la boca abierta. ¹³¡Era tan impresionante pasear por el Barrio Gótico, por Las Ramblas, contemplar la Sagrada Familia…!

¹⁴Ayer supe por Susana, otra amiga nuestra, que Elvira y su marido fueron de viaje el mes pasado al extranjero. ¹⁵¡Qué suerte tienen de viajar tanto! ¹⁶A mí el curso de español no me deja tiempo para nada.

¹⁷Juan me dio ayer recuerdos para Elvira. ¹⁸Me dijo que era una mala amiga porque no (le) escribía nunca. ¹⁹Juan perdió su trabajo cuando yo

Lección 5

llegué a Salamanca pero hace un par de semanas encontró uno nuevo. [20]¡Esto de la recesión económica es terrible!

■ 質問 Preguntas (解答・音声は→CD-ROM)

1) ¿Qué fecha tiene el diario?
2) ¿Adónde quiere ir Tomoko en las próximas vacaciones de verano?
3) ¿Qué viaje recuerda Tomoko con cariño?
4) ¿Cómo era el hotel en el que durmieron en aquel viaje?
5) ¿Adónde fueron Elvira y su marido el mes pasado?

■ 文法 Gramática (解説・音声は→CD-ROM)

1．点過去．不規則変化

1) 母音変化動詞

sentir		dormir	
sent-í	sent-imos	dorm-í	dorm-imos
sent-iste	sent-isteis	dorm-iste	dorm-isteis
s*i*nt-ió	s*i*nt-ieron	d*u*rm-ió	d*u*rm-ieron

Lección 5

pedir	
ped-í	ped-imos
ped-iste	ped-isteis
p*i*d-ió	**p*i*d-ieron**

(→☆練習1)

2）強変化動詞

saber	
sup-*e*	sup-*i*-mos
sup-*i*-ste	sup-*i*-steis
sup-*o*	sup-*ie*-ron

andar	→ anduve	**hacer**	→ hice
estar	→ estuve	**querer**	→ quise
haber	→ hube	**venir**	→ vine
poder	→ pude	***decir**	→ dije
poner	→ puse	***conducir**	→ conduje
tener	→ tuve	***traer**	→ traje

*注意： **dijeron, condujeron, trajeron**

Lección 5

3）その他

    dar   →   **di, diste, dio, dimos, disteis, dieron**

    ser / ir   →   **fui, fuiste, fue, fuimos, fuisteis, fueron**

                                          （→☆練習2, 3, 4）

2．不定詞

＊動詞が名詞的に使われるときの形

- ¿Quieres **leer** este libro?
- Nos gusta **escuchar** programas de música.
- No sabemos cómo **economizar** en los gastos.

3．数詞．41から199まで

    41 **cuarenta y uno**　　　　101 **ciento uno**
    42 **cuarenta y dos**　　　　102 **ciento dos**
    50 **cincuenta**　　　　　　　103 **ciento tres**
    60 **sesenta**　　　　　　　　110 **ciento diez**
    70 **setenta**　　　　　　　　120 **ciento veinte**
    80 **ochenta**　　　　　　　　130 **ciento treinta**
    90 **noventa**　　　　　　　　140 **ciento cuarenta**
   100 **cien**　　　　　　　　　　199 **ciento noventa y nueve**

                                                   （→☆練習5）

Lección 5

■ 練習 Ejercicios (解答・音声は→CD-ROM)

１．次の文の太字の動詞を点過去にしなさい（母音変化）.

1) Nosotros **pensar** mucho en ti durante el viaje.

2) ¿Por qué me **despertar** (tú)? Todavía tengo sueño.

3) **Sentir** (yo) mucho no poder ir contigo de viaje.

4) ¿Qué tal **dormir** (tú) ayer?

5) ¿Qué **pedir** usted para beber? －Yo pedí agua mineral.

6) **Encontrar** (yo) un buen restaurante en esta calle.

7) Él **pedir** un aumento de sueldo, mientras conversaba con su jefe.

8) Mi padre estaba muy cansado, pues **dormir** doce horas seguidas.

２．次の文の太字の動詞を点過去にしなさい（不規則変化）.

1) La semana pasada ellas **venir** a verte.

2) El sábado pasado Juan **traer** a María a casa en coche.

3) ¿Le **dar** (tú) propina al camarero?

4) ¿Qué te **decir** los compañeros?

5) Ellos **ir** al cine ayer por la tarde.

6) Ayer **ir** (nosotros) a la playa en bicicleta.

7) Ayer **ver** (yo) a Julia, mientras leía el periódico en una cafetería.

8) ¿Dónde **estar** (tú) de vacaciones el año pasado?

３．次の質問にスペイン語で答えなさい.

1) ¿A qué hora **fue** la fiesta? (a las nueve de la noche)

2) ¿Cómo **fuiste** hasta la estación de Tokio? (en taxi)

Lección 5

3) ¿Cuánto tiempo **condujiste**? (cinco horas seguidas)

4) ¿Cuándo **hicieron** (ellos) el examen de ingreso de la Universidad? (en febrero)

5) ¿Cuándo **estuviste** en Europa? (el año pasado)

6) ¿Cuándo te **dijeron** que hoy teníamos un examen de español? (anteayer)

7) ¿Qué preguntas **pusieron** en el examen? (sobre verbos irregulares)

8) ¿Por qué no **viniste** a la clase ayer? (porque estuve enferma)

４．例のように人称代名詞を使って質問に答えなさい．

Ejemplo: ¿**Leíste** este libro? (Sí) → Sí, lo **leí**.

1) ¿**Trajisteis** el diccionario? (Sí)

2) ¿Le **diste** la noticia a Juan? (No)

3) ¿Nos **devolvieron** el libro? (Sí)

4) ¿**Pusiste** la radio? (No)

5) ¿**Condujiste** el coche anoche? (Sí)

6) ¿**Pidió** José la ensalada? (No)

7) ¿**Encontró** usted una maleta ligera? (Sí)

8) ¿**Hicieron** (ellos) ejercicio la semana pasada? (No)

５．次の数字をスペイン語でつづりなさい．

1) Somos _____ (45) en esta clase.

2) ¿Cuál es tu habitación? —Es la _____ (52).

3) Mi tío Javier tiene _____ (64) años.

4) Yo nací en el _____ (79).

5) Pedro vive en la Calle Alcalá, número _____ (81).

Lección 5

6) Faltan _____ (97) kilómetros hasta Granada.

7) Para llamar a la lavandería, marque el _____ (113).

8) Esta torre tiene _____ (138) metros de altura.

■ 西訳 Traducción　(解答・音声は→CD-ROM)

1) なぜ君はそんな危険な (tan peligroso) 所 (sitio) へ行ったの？－危険だとは知らなかったんだ(Es que...).

2) 作文の宿題 (la tarea de la composición) をする時間がなかった．－どうして？

3) 君は昨晩(anoche)何時間(¿cuántas horas?)寝たの？－とても少なくて，4時間だけだ．

4) 昨日私はパーティー(fiesta)に行きたかったのですけど，仕事があって行けませんでした．－それは残念でした！(¡Qué lástima!)

5) 君はすべての質問(todas las preguntas)に答えられた(contestar)？－うん，とても簡単だった．

■ 観察 Paseando por la calle　(写真は→CD-ROM)

1) Salida, autobuses, metro, zona comercial.

2) Prohibido pisar el césped.

Lección 5

■ 動作 **Un poco de movimiento**　　（ビデオは→CD-ROM）

1)

A: ¿Qué hicisteis anoche?

B: Fuimos a un restaurante y comimos una paella *riquísima*.

2)

A: *¡Ojo!* Ese señor quiere robarte.

B: ¡Ah, gracias!

■ 表現 **Cuéntanos tus ideas.**　（音声は→CD-ROM）

¿Qué quisiste hacer? ¿Por qué no pudiste hacerlo?

望んだことが思うように実行できなかった経験は誰にでもあることです．例を参考にして，スペイン語で考えてみましょう．

Por ejemplo:

- **Quise ir a Madrid, pero no pude, porque no tuve tiempo.**
- llegar a tiempo
- pasar el examen
- ayudar a los turistas extranjeros
- viajar por Europa
- estudiar mucho
- trabajar por la noche

6課 Lección 6

■ 本文 Texto 📖 🎧 (解説・音声は→CD-ROM)

¹Un cuento de Granada

Tomoko: ²¡Hola Juan!

Juan: ³¡Hola Tomoko! ⁴¿Cómo has pasado las últimas vacaciones de verano?

Tomoko: ⁵¡Estupendamente! ⁶He viajado al sur de España, a Andalucía.

Juan: ⁷Creía que habías pasado estas vacaciones aquí, en Salamanca.

Tomoko: ⁸No, me invitaron unos amigos a ir a Granada.

Juan: ⁹¿Qué te ha parecido?

Tomoko: ¹⁰Es increíble; nadie me había contado que en España existían lugares así. ¹¹Mientras recorría La Alhambra, imaginé cómo vivían aquellos árabes hace quinientos años. ¹²La arquitectura y los jardines de la ciudad son una maravilla. ¹³Cerca de La Alhambra encontré a una mujer que vendía claveles y adivinaba el futuro. ¹⁴Hablé con ella un rato y me contó un hermoso cuento. ¹⁵¿Te lo cuento, mientras tomamos un café?

Juan: ¹⁶Sí, por favor.

Tomoko: ¹⁷La mujer me dijo que, cuando los cristianos todavía no habían reconquistado la ciudad, vivía en Granada una princesa que

Lección 6

tenía los ojos bellísimos. [18]Nadie había visto antes unos ojos iguales, ni siquiera los artistas habían podido pintar o esculpir ojos parecidos. [19]Los ojos de la princesa, que asemejaban a la noche sin luna por ser negros y profundos, enamoraban a todos los hombres que los miraban.

[20]Un día la princesa comenzó a amar a un valiente guerrero, que no le prestaba ninguna atención. [21]Parecía que los ojos de la princesa habían perdido el poder de enamorar a los hombres y, desesperada, pidió ayuda a una vieja criada que siempre había tenido fama de saber resolver cualquier problema. [22]La vieja le contestó que la Luna envidiaba sus ojos y que para solucionar su problema debía pedir a la Luna llena el amor del guerrero.

[23]Una noche la princesa habló con la Luna llena y le ofreció cualquier cosa a cambio del amor del guerrero. [24]La princesa consiguió el amor del guerrero, pero nunca lo miró de cerca, porque sus ojos son aquellas dos estrellas que brillan junto a la Luna.

Juan: [25]¡Qué bonito!

■ 質問 **Preguntas** (解答・音声は→CD-ROM)

1) ¿Adónde ha viajado Tomoko en estas últimas vacaciones?
2) ¿Durante cuántos siglos invadieron los árabes España?
3) ¿Quién contó un cuento a Tomoko?
4) ¿Quién es la protagonista del cuento?
5) ¿Cómo eran los ojos de la protagonista?

Lección 6

■ 文法 Gramática （解説・音声は→CD-ROM)

1．現在完了

haber の現在（不規則）＋過去分詞（無変化）

＊過去分詞（規則変化）の作り方
- **cantar** → cant-**ado**
- **comer** → com-**ido**
- **vivir** → viv-**ido**

cantar	
he cantado	hemos cantado
has cantado	habéis cantado
ha cantado	han cantado

＊「完了」・「経験」・「継続」を表す．

Lección 6

＊過去分詞の不規則変化

abrir	→ abier**to**	**resolver**	→ resuel**to**
cubrir	→ cubier**to**	**romper**	→ ro**to**
descubrir	→ descubier**to**	**ver**	→ vis**to**
escribir	→ escri**to**	**volver**	→ vuel**to**
describir	→ descri**to**		
morir	→ muer**to**	**decir**	→ di**cho**
poner	→ pues**to**	**hacer**	→ he**cho**

（→☆練習1, 2）

2．過去完了

haberの線過去（規則変化）＋過去分詞（無変化）

cantar	
había cantado	habíamos cantado
habías cantado	habíais cantado
había cantado	habían cantado

＊過去の時点から見た「完了」・「経験」・「継続」を表す．

（→☆練習3）

Lección 6

3．関係詞

1）関係代名詞
- **que**　無変化．先行詞は「人」と「物」．限定用法／説明用法．
- **quien**　数変化(quienes)．先行詞は「人」．説明用法／独立用法．前置詞＋quien(es)で限定用法がある．
- **el que**　性数変化(el que, los que, la que, las que, lo que)．先行詞は「人」と「物」．説明的用法／独立用法．前置詞＋el que で限定的用法がある．
- **el cual**　el の部分が性数変化．先行詞は「人」と「物」．説明用法．ほとんど代名詞に近い．

2）関係副詞
- **donde**　「場所」を示す．

3）関係形容詞
- **cuyo**　「所有」を示す．次の名詞に合わせて性数変化．

(→☆練習4, 5)

4．-mente の副詞

- **o** で終わる形容詞：**o** を **a** に変えて**-mente** をつける．
  lento → **lentamente**, rápido → **rápidamente**
- その他の形容詞：そのまま**-mente** をつける．
  amable → **amablemente**, feliz → **felizmente**

- ¿Hacéis deporte **habitualmente**?
- **Solamente** una vez fui a la plaza de toros.

Lección 6

5．序数詞

1° **primero (primer)**	6° **sexto**
2° **segundo**	7° **séptimo**
3° **tercero (tercer)**	8° **octavo**
4° **cuarto**	9° **noveno**
5° **quinto**	10° **décimo**

＊o で終わる形容詞と同じ変化をする．

- Juan está en la **tercera** fila.
- Vivo en el **quinto** piso de este edificio.

＊**primero, tercero** は男性単数名詞の前で **primer, tercer** となる．

- Somos del **primer** curso de español.

■ 練習 Ejercicios （解答・音声は→CD-ROM）

１．太字の動詞を現在完了にしなさい．

1) Hoy **desayunar** (yo) a las seis de la mañana.

2) Este año **viajar** (nosotros) a Argentina dos veces.

3) Esta semana **comer** (yo) pescado todos los días.

4) Hoy **trabajar** (vosotros) mucho.

5) Carmen **correr** mucho para llegar a tiempo al trabajo hoy.

6) Esta mañana **perder** (nosotros) el tren de siempre.

7) Todavía no **escribir** (yo) a mi familia.

8) ¿Desde entonces no **comer** (tú) ningún plato japonés?

2. 次の質問にスペイン語で答えなさい.

1) ¿**Has visto** a Roberto? (No)

2) ¿Dónde **has puesto** los cuadros? (en la pared)

3) ¿Cómo **habéis pasado** el fin de semana? (estupendamente)

4) ¿**Has preparado** bien la lección séptima? (Sí)

5) ¿**Ha estado** usted alguna vez en España? (No, nunca)

6) ¿Qué **han robado** los ladrones? (unas joyas)

7) ¿Dónde **he dejado** mis gafas? (en la mesa)

8) ¿**Habéis comido** bien? (Sí, muy bien)

3. 太字の動詞を過去完了にしなさい.

1) Él **salir** ya, cuando nosotros salimos de la fiesta.

2) Yo ya **llamar** por teléfono, cuando le viste.

3) Antes de vivir en Sevilla, (nosotros) **vivir** en Barcelona.

4) No (yo) **conocer** antes a nadie tan simpático.

5) ¿**Trabajar** usted en algo parecido en el pasado?

6) Julián me preguntó si (yo) **recibir** carta de mi familia.

7) Tomás me contó que él **viajar** a China el verano pasado.

8) ¿**Preparar** (vosotros) bien la lección de ayer?

4. 適当な関係詞(que, quien)を入れなさい.

1) El coche _____ he comprado es rojo.

2) ¿Dónde está la corbata _____ me gustó mucho?

Lección 6

3) Ésa es la muchacha _____ me contó la historia.

4) El chico de _____ hablabas es amigo de Carmen.

5) Fueron mis padres _____ me lo aconsejaron.

6) La persona por _____ usted pregunta no aparece en la lista.

7) A _____ madruga, Dios le ayuda. (Refrán)

8) Los niños, _____ habían jugado todo el día, llegaron a casa muy cansados.

5．適当な関係詞(**el** que, **lo** que, **el** cual, **lo** cual, **donde**, **cuyo**)を入れなさい．

1) **La** _____ baila es mi prima.

2) Invité a la hermana de Carlos, con **la** _____ estudié Historia.

3) Tenemos que pasar el examen, **lo** _____ no me parece fácil.

4) Esto es **lo** _____ yo buscaba.

5) El orador hablaba siempre en el mismo tono, **lo** _____ daba monotonía a su discurso.

6) Ésta es la playa _____ el año pasado pasé las vacaciones con mi familia.

7) Pueden examinarse todos los alumnos _____ nombres he dicho al pasar lista.

8) Aquel señor, _____ hija estaba gravemente enferma, sufría mucho.

Lección 6

■ 西訳 Traducción （解答・音声は→CD-ROM）

1) 君たちはこれまで(alguna vez)ヨーロッパに行ったことがありますか？－ええ，一度だけ．(Sí, solamente una vez.)
2) 私が大学で一緒に学んだ友人たちはもうここにいません．－どのくらい以前にあなたは大学で勉強していたのですか？(¿Cuánto hace que estudió usted en la Universidad?)
3) これはあなたが探していたものですか？－そう，まさに(precisamente)これです．
4) 私は第5列の席(asiento)を2つ予約しました(reservar)．－それはとてもよい席です．
5) コンピューターを使ったので (con el ordenador) 私は仕事をとても速く(muy rápidamente)終わらせることができた．－それはよかったね！(¡Qué suerte!)

■ 観察 Paseando por la calle （写真は→CD-ROM）

1) V.P. Vía preferente.
2) Reservado. Vehículos oficiales.

■ 動作 Un poco de movimiento （ビデオは→CD-ROM）

1)
A: ¿Te ha pedido Juan dinero esta vez?
B: Sí, *¡qué cara!* ¿eh?

Lección 6

2)

A: ¿Has visto el coche que se ha comprado Juan?

B: Sí, *está loco*. Si no tiene dinero...

■ 表現 **Cuéntanos tus ideas.** (音声は→CD-ROM)

¿Tu vida es multicultural?

環境や文化的背景の異なる人と接触する機会はどのくらいありますか.
以下の質問に答えながら考えてみましょう.

Por ejemplo:

- ¿Has estado alguna vez en el extranjero?
- ¿Tienes amigos o conocidos extranjeros?
- ¿Tienes amigos o conocidos minusválidos?
- ¿Has cambiado de casa más de 2 veces?
- ¿Has escrito cartas en algún idioma extranjero?
- ¿Has llamado por teléfono en algún idioma extranjero?
- ¿Has participado en algún festival internacional?
- ¿Perteneces a alguna organización de voluntariado?

■ 鑑賞 **Escuchemos la música.** (歌詞・音声は→CD-ROM)

JARDINERA

7課 Lección 7

■ 本文 Texto 　（解説・音声は→CD-ROM）

[1]Teatro

Susana: [2]¿Quién es?

Juan: [3]Hola, ¿está Tomoko?

Susana: [4]Sí, un momento, por favor.

Tomoko: [5]¿Sí?

Juan: [6]¡Hola, Tomoko, soy Juan.

Tomoko: [7]¡Hola! [8]¿Cómo estás?

Juan: [9]Bien, gracias. [10]¿Estás ocupada?

Tomoko: [11]Sí, estoy estudiando.

Juan: [12]¡Qué pena! [13]Yo te llamaba para invitarte al teatro. [14]¿Cuándo terminarás de estudiar?

Tomoko: [15]Habré terminado de estudiar a las ocho de la tarde.

Juan: [16]¡Fenomenal!, porque la obra de teatro comenzará a las ocho y media. [17]Por lo tanto pasaré a recogerte a las ocho y cinco.

Tomoko: [18]O.K.

Juan: [19]¿Cuántas veces tengo que decirte que no se dice «O.K.», se dice «de acuerdo»?

Tomoko: [20]De acuerdo. [21]Te veré a las ocho y cinco.

Lección 7

(²²A las ocho y veinte en casa de Tomoko.)

Juan: ²³Perdón, Tomoko. ²⁴Cuando salía de casa, recibí una llamada urgente que me ha detenido un poco.

Tomoko: ²⁵¿Tú crees que quince minutos es poco? ²⁶¿Llegaremos a tiempo al teatro?

Juan: ²⁷No, llegaremos tarde y ya habrá empezado la función.

Tomoko: ²⁸Por cierto, ¿qué obra de teatro veremos?

Juan: ²⁹Te lo contaré por el camino.

(³⁰En el coche de Juan, camino del teatro.)

Juan: ³¹Vamos a ver una obra de Lorca titulada «Yerma». ³²La obra trata de las mujeres marginadas por una sociedad injusta y es una de las mejores obras de teatro del autor. ³³Lorca prestaba atención en su literatura a los sectores más marginados de la sociedad. ³⁴Seguro que te gustará mucho.

■ 質問 **Preguntas** (解答・音声は→CD-ROM)

1) ¿Qué está haciendo Tomoko, cuando Juan la llama por teléfono?
2) ¿Para qué llama Juan?
3) ¿Por qué llega Juan tarde a casa de Tomoko?
4) ¿Llegarán tarde al teatro Juan y Tomoko?
5) ¿Qué obra de teatro van a ver Juan y Tomoko?

Lección 7

■ **文法 Gramática** （解説・音声は→CD-ROM）

1．未来．規則変化

-ar 動詞 **cantar**		-er 動詞 **comer**	
cantar-*é*	cantar-*e*-**mos**	comer-*é*	comer-*e*-**mos**
cantar-*á*-**s**	cantar-*é*-**is**	comer-*á*-**s**	comer-*é*-**is**
cantar-*á*	cantar-*á*-**n**	comer-*á*	comer-*á*-**n**

-ir 動詞 **vivir**	
vivir-*é*	vivir-*e*-**mos**
vivir-*á*-**s**	vivir-*é*-**is**
vivir-*á*	vivir-*á*-**n**

＊「未来や現在のことについての推量」・「意志」・「命令」を表す．

（→☆練習1）

2．未来完了

haber の未来（不規則）＋過去分詞（無変化）

cantar	
habré cantado	habremos cantado
habrás cantado	habréis cantado
habrá cantado	habrán cantado

＊未来に完了することや現在に完了していることについての「推量」・「意志」・「命令」を表す．

(→☆練習2)

3．現在分詞

- **cantar** → cant**ando**
- **comer** → com**iendo**
- **vivir** → viv**iendo**

＊不規則形
- **pedir** → p**i**diendo
- **sentir** → s**i**ntiendo
- **dormir** → d**u**rmiendo
- **ir** → **y**endo
- **huir** → hu**y**endo

- **Cantando** se alegran los corazones.
- Me da gusto ver al niño **durmiendo** con tanta felicidad.
- Me gusta caminar descalza por la playa **sintiendo** la caricia de las olas.

4．進行形

> 現在進行形：**estar** の現在形＋現在分詞
> 過去進行形：**estar** の過去形 (線過去) ＋現在分詞
> 未来進行形：**estar** の未来形＋現在分詞

(→☆練習3)

5．比較

1）比較級（形容詞・副詞）

> 優等比較級： **más** ＋ 形容詞・副詞 ＋ **que** …［**de** …］
> 劣等比較級： **menos** ＋ 形容詞・副詞 ＋ **que** …［**de** …］

Lección 7

＊比較級の不規則形

形容詞	副詞	比較級
bueno	bien	mejor
malo	mal	peor
mucho	mucho	más
poco	poco	menos
grande	—	mayor
pequeño	—	menor

（→☆練習4）

> 同等比較級： **tan** + 形容詞・副詞 + **como** …

（→☆練習5）

2）最上級

> 優等最上級： 定冠詞 + **más** + 形容詞 + **(de** …**)**
> 劣等最上級： 定冠詞 + **menos** + 形容詞 + **(de** …**)**

Lección 7

■ 練習 Ejercicios （解答・音声は→CD-ROM）

1．例のように未来形を作りなさい．

Ejemplo: Te **regalo** un collar. → Te **regalaré** un collar.

1) Te **escribo** pronto.

2) **Visitamos** a Pedro en su oficina.

3) **Compro** una motocicleta el mes que viene.

4) **Comemos** en tu casa pasado mañana.

5) En el verano **viajan** por España.

6) Juan **pasa** a recogerla a las ocho.

7) Elvira **pierde** el tren de las nueve.

8) **Vivís** en este Colegio Mayor.

2．太字の動詞を未来完了形にしなさい．

1) El próximo sábado, yo **pagar** todas mis deudas.

2) El Barcelona **jugar** mal, pero el Real Madrid tampoco ha jugado bien.

3) Juan e Isabel **llegar** a Málaga mañana.

4) En julio **terminar** (nosotros) el curso de español.

5) Dentro de tres semanas el cantante **concluir** sus conciertos en Europa.

6) ¿Dónde **dejar** (yo) mis gafas?

7) **Llegar** (nosotros) a su casa antes de las ocho, ¿no?

8) A las nueve, ya **empezar** el discurso.

Lección 7

3．例のように進行形を用いて次の質問に答えなさい．

Ejemplo: ¿Qué **estás haciendo** ahora? (hablar por teléfono)
→ **Estoy hablando** por teléfono.

1) ¿Dónde **estuviste viviendo** el año pasado? (en París)
2) ¿Cuánto tiempo **has estado esperando** el metro esta mañana? (unos 10 minutos)
3) ¿En qué **estás trabajando** en la actualidad? (en un proyecto de informática)
4) ¿Qué **has estado haciendo** antes de la clase de español? (estudiar en la biblioteca)
5) ¿Dónde **estuviste comiendo** ayer? (en el restaurante de siempre)
6) ¿Qué **estás haciendo** en el jardín? (regar las plantas)
7) ¿De quién **estabais hablando**? (de ti)
8) ¿Cuándo **estaremos practicando** el esquí? (mañana a esta hora)

4．例のように優等比較級を用いて文を作りなさい．

Ejemplo: Casa blanca / casa gris (cómoda).
→ La casa blanca es **más cómoda que** la gris.

1) Tu coche / mi coche (rápido).
2) La maleta azul / la maleta marrón (grande).
3) Tu cámara fotográfica / mi cámara (bueno).
4) Estas máquinas / aquellas máquinas (moderno).
5) Tu chaqueta / mi chaqueta (bonito).
6) Tu mochila / mi mochila (ligero).
7) El cine americano / el cine europeo (espectacular).
8) La música rock / la música clásica (popular).

Lección 7

5．例のように同等比較級を用いて文を作りなさい．

Ejemplo: Casa blanca / casa gris (cómoda).

→ La casa blanca es **tan** cómoda **como** la gris.

1) La compañía de Juan / la compañía de Manolo (competente).
2) El restaurante de la esquina / el restaurante de mi compañía (bueno).
3) Los libros de ciencia natural / los libros de sociología (interesante).
4) Tu ordenador / mi ordenador (eficaz).
5) Esa tienda / aquellos supermercados (barato).
6) Beatriz / Susana (simpático).
7) Este trabajo / ese trabajo (importante).
8) Nuestro coche / vuestro coche (bueno).

■ 西訳 Traducción (解答・音声は→CD-ROM)

1) 君はペルーから私に手紙を書いてくれるかい？ーうん，必ず書くよ(escribir sin falta)．
2) 君たちは今何をしているの？ー私たちはテレビを見ています(ver la televisión)．
3) 彼はニュースを聞くと (al escuchar la noticia) 走って家を出ていった(salir corriendo)．ー何があったんですか？(¿Qué ocurrió?)
4) スペイン語の動詞は英語の(los ingleses)よりも難しいね(¿verdad?)．
   ーでも，発音(la pronunciación)は英語よりやさしいと思う．
5) 健康である(tener buena salud)ためには何が一番大切ですか？

Lección 7

■ 観察 **Paseando por la calle**　（写真は→CD-ROM）

1) En batería, solo turismos.　　2) En línea.

■ 動作 **Un poco de movimiento**　（ビデオは→CD-ROM）

1)

A: Lo siento, perdona, ¿cuánto tiempo has estado esperando?

B: Pues... una media hora *más o menos*.

2)

A: ¿Cómo vienes a la facultad?

B: *Andando*.

■ 表現 **Cuéntanos tus ideas.**　（音声は→CD-ROM）

¿Cuál es mejor?

以下は日本(Japón)とスペイン(España)について述べたコメントです．A とBのいずれが日本か考えながら読み，各コメントが事実・推察・評価のいずれに該当するか考え，それぞれ妥当であるか考えてみましょう．

Por ejemplo:

- A es más grande que B.
- A tiene la historia más larga que B.
- En A vive menos gente que en B.
- Los precios de los productos agrícolas son más baratos en A.
- La gente que vive en A es más alegre que la de B.
- La gente de A trabaja mucho más que la de B.
- El sistema del transporte público es mejor en A que en B.

8課 Lección 8

■ 本文 Texto 📖 🎧 (解説・音声は→CD-ROM)

¹El Espíritu de la Navidad

²¡Hola! ³Soy el Espíritu de la Navidad. ⁴Aunque nadie puede verme, dentro de unas semanas haré de las mías: saltaré por los redondeados contornos de los muñecos de nieve, rodaré por los tejados de las casas para tomar impulso y entraré como una centella por las ventanas; eso sí, sin romper los cristales. ⁵¡Por algo soy un espíritu!

⁶Recorreré las calles, los caminos y senderos de los campos. ⁷Los hombres y las mujeres y, sobre todo, los niños sentirán más amor por el prójimo, les inundará una especial alegría. ⁸Harán lo posible por hacer cosas buenas, podrán sentir durante unos días el espíritu de la Navidad, dirán a todas horas «Feliz Navidad» y tendrán tiempo para la familia y para los niños.

⁹Mi trabajo no es cómodo. ¹⁰Lo más difícil para mí es penetrar en el corazón de los marginados, de los que son maltratados por la sociedad, de los que tienen hambre, de los que no tienen amor, de los solitarios. ¹¹No obstante lo más desagradable es cuando tengo que enfrentarme a los avaros, a los asesinos, a los racistas, a los que hacen luchar a hombres que desconocen el motivo de las guerras.

¹²De cualquier manera, dentro de poco saldré de mi guarida e

Lección 8

intentaré, sobre todo a estos últimos, darles cien mil motivos para amar a los demás. [13]¿Podré conseguirlo este año?

■ 質問 **Preguntas** (解答・音声は→CD-ROM)

1) ¿Quién es el personaje del texto?
2) ¿Cuál es el trabajo del personaje?
3) ¿Qué parte del trabajo es más fácil?
4) ¿Qué parte del trabajo es más difícil?
5) ¿Qué parte del trabajo es más desagradable?

■ 文法 **Gramática** (解説・音声は→CD-ROM)

１．未来．不規則変化

(1) **e** が消失する動詞		(2) 語尾の **e, i** が **d** に変化	
saber		**poner**	
sabr-é	**sabr**-e-mos	**pondr**-é	**pondr**-e-mos
sabr-á-s	**sabr**-é-is	**pondr**-á-s	**pondr**-é-is
sabr-á	**sabr**-á-n	**pondr**-á	**pondr**-á-n
同種: **poder, querer**		同種: **tener, salir, venir**	

(3) 語根が短縮する動詞			
hacer		decir	
har-é	har-e-mos	dir-é	dir-e-mos
har-á-s	har-é-is	dir-á-s	dir-é-is
har-á	har-á-n	dir-á	dir-á-n

（→☆練習1）

2．感覚・使役動詞

1）感覚・使役動詞＋不定詞

- Anoche pasamos el tiempo **oyendo contar** chistes a Ricardo.
- Esa película me **hizo llorar**.
- ¿Me **dejas pasar**?

2）感覚・使役動詞＋現在分詞

- La **vi cantando** alegremente.
- **Dejé** a los niños **jugando** a su gusto.

3）感覚・使役動詞＋過去分詞

- **Encontré** a Jorge **cansado**.
- ¿**Dejamos** la puerta **abierta**?

（→☆練習2）

Lección 8

3．無主語文

1）自然現象や時の表現

- ¿Qué tal tiempo **hace** hoy?
- Hoy **hace** un poco de frío, pero no **está lloviendo**.
- Todavía **es** pronto para preparar la mesa.
- **Estaba oscuro** cuando llegamos a casa.

＊「時刻」の表現

- ¿Qué hora **es**? ―**Son** las cinco de la tarde.
- ¿**Es** la una? ―No, **son** las dos.
- ¿**A qué hora** empieza la clase? ―Empieza **a las diez de la mañana**.

2）「存在」の haber

- **Hay** muchas tiendas de filatelia.
- **Había** muchas flores hermosas en el jardín.
- No **hubo** cómplices en el crimen.

3）その他

- De momento me **basta** con los libros que he comprado.
- **Hay que** ir de prisa para coger el tren de las seis.

(→☆練習3, 4)

4．数詞．200 から 1000 まで

(100 **cien**)	600 **seis**cientos, -tas
200 **doscientos, -tas**	700 *sete*cientos, -tas
300 **trescientos, -tas**	800 **ocho**cientos, -tas
400 **cuatrocientos, -tas**	900 *nove*cientos, -tas
500 *quinientos, -tas*	1.000 **mil**

- 201 ... doscientos uno
- 289 ... doscientos ochenta y nueve
- 700 casas ... setecientas casas
- el año 1492 ... el año mil cuatrocientos noventa y dos

(→☆練習5)

■ 練習 Ejercicios (解答・音声は→CD-ROM)

1．未来形を用いて質問に答えなさい．

1) ¿Cuándo **vendrás** a la facultad? (dentro de 15 días)
2) ¿**Tendrás** algún examen el mes que viene? (Sí, cinco)
3) ¿**Podréis** ir de excursión con nosotros el próximo fin de semana? (Sí)
4) ¿Nos **dirá** alguna vez lo que le ocurrió? (No, nunca)
5) ¿**Tendréis** tiempo para hablar conmigo mañana? (Sí)

Lección 8

6) ¿Cuándo **harás** los ejercicios? (esta noche)

7) ¿Cuándo **querrá** José colaborar con nosotros? (el año que viene)

8) ¿Dónde **pondremos** la tarta? (en esta mesa)

2．次の文の下線部に **ver, oír, hacer, dejar** を活用させて入れなさい．

1) La _____ (yo) llorando amargamente y me partió el alma.

2) Nuestro padre estaba leyendo el periódico y no nos _____ (él) poner la televisión.

3) ¿_____ (nosotros) la ventana un poco abierta?

4) La electricidad acumulada _____ saltar la chispa.

5) La vecina es pianista. Nosotros la _____ tocando el piano todo el día.

6) No lo vi, pero lo _____ subiendo las escaleras.

7) ¿Viste a Juan? —Lo _____ arreglando la bicicleta en su casa.

8) El profesor _____ repetir los ejercicios a los estudiantes.

3．次の文の太字の動詞を正しい形に変えなさい．

1) El día que no llevo paraguas **llover**.

2) Todavía **ser** temprano para preparar la mesa.

3) **Estar** muy nublado. **Poder** llover.

4) ¡Qué frío **hacer** hoy!

5) ¿No te parece que ya **ser** tarde para llamarla?

6) Este motor ya no marcha bien. **Haber** que cambiarlo por otro.

7) Ya **ser** de noche. Vamos a volver.

8) Para aprobar el examen **haber** que estudiar muchas horas.

Lección 8

4．例のように hay を使って次の文を変えなさい．

Ejemplo: La jarra de agua está en la cocina.

→ **Hay** una jarra de agua en la cocina.

1) El señor está delante del bar.
2) Los libros de español están en aquella librería.
3) El coche rojo está aparcado junto al tuyo.
4) El mapa del mundo está en la pared del fondo.
5) El bolígrafo azul está en el estuche.
6) ¿El policía está en la esquina?
7) ¿Estas mesas están libres?
8) La entrada del metro está al otro lado de la calle.

5．次の数字をスペイン語でつづりなさい．

1) En el año 711 _____ los musulmanes invadieron la Península Ibérica.
2) En 1492 _____ Cristóbal Colón realizó su primer viaje al Nuevo Continente.
3) Hernán Cortés conquistó el Imperio Azteca en 1521 _____.
4) Francisco Javier llegó a Japón en 1549 _____.
5) La Armada española, enviada contra Inglaterra en 1588 _____, fue destruida en su mayor parte.
6) En 1605 _____, se publicó la primera parte de *Don Quijote*.
7) La Guerra Civil terminó en 1939 _____.
8) En 1992 _____ se celebraron los Juegos Olímpicos en Barcelona.

Lección 8

■ 西訳 Traducción (解答・音声は→CD-ROM)

1) カルメン(Carmen)は私たちと一緒に仕事をする(colaborar)ことを望むだろう(querer). —そうだといいね！(¡Ojalá!)
2) ラモン(Ramón)は窓を開いたままにしてる. —私が閉めておきましょう(La cerraré yo).
3) この空港(aeropuerto)を使う(usar)には税金(impuesto)を払わなくてはならないんです(pagar). —いくらですか？(¿Cuánto es?)
4) 昨日は雨だったが今日はとてもよい天気だ(hacer muy buen tiempo). —よかった！(¡Qué suerte!)
5) この村(pueblo)には 500 軒の家があります. —多いですね(Son muchas, ¿verdad?).

■ 観察 Paseando por la calle (写真は→CD-ROM)

1) Liquidación total.
2) Moda, hombre.

■ 動作 Un poco de movimiento (ビデオは→CD-ROM)

1)

A: (Gestos de *comer y reloj*)

B: Ah, sí, es verdad, es muy tarde. Vamos a comer.

2)

A: ¿Qué harás este fin de semana?

B: Pues saldremos a tomar *unas copas*.

Lección 8

■ 表現 **Cuéntanos tus ideas.** 🎧 (音声は→CD-ROM)

¿Cómo es el clima de Japón?

日本の気候の特徴を外国の人に説明しましょう.

Por ejemplo:
- Hace buen / mal tiempo.
- Hace calor / frío.
- Hace sol.
- Hace viento.
- Está nublado.
- Está húmedo.
- Llueve.
- Nieva.

- primavera, verano, otoño, invierno.
- enero, febrero, marzo, abril, mayo, junio, julio, agosto, septiembre, octubre, noviembre, diciembre.

■ 鑑賞 **Escuchemos la música.** 📖 🎧 (歌詞・音声は→CD-ROM)

EL PATIO DE MI CASA

Lección 9

9課 Lección 9

■ 本文 Texto （解説・音声は→CD-ROM）

[1]¿Qué haría yo sin ti?

Pedro: [2]¡Elvira! [3]¿Estás en casa...? [4]¡Elvira!

Elvira: [5]Hola, cariño, estoy en el salón.

Pedro: [6]Hola, he tenido un día terrible. [7]Cualquier día dejo el trabajo y me hago ermitaño.

Elvira: [8]¿Y qué harías tú sin mí?, porque yo no tengo la menor intención de hacerme ermitaña.

Pedro: [9]¡Pues me marcharía yo solo! [10]¿Has hecho mi maleta?

Elvira: [11]No, no he tenido tiempo. [12]He tenido que llevar al niño al médico y luego he ido a hablar con su profesora, porque tu hijo ha vuelto a pegarle a un compañero de clase. [13]Cuando he llegado a casa serían las dos de la tarde y no he tenido tiempo de...

Pedro: [14]¡Tú me dijiste que a esta hora ya habrías hecho la maleta y mi avión sale dentro de dos horas!

Elvira: [15]No, encanto, yo te dije que a esta hora haría la maleta. [16]Te pones nervioso muy fácilmente. [17]Bueno, en cinco minutos la hago.

Pedro: [18]Tú eres la que me pone nervioso. [19]Ahora la hago yo, ya que no has tenido tiempo de hacerla en todo el día.

Elvira: [20]Tranquilo, que no tardo nada. [21]Verás cómo llegas a tiempo al aeropuerto. ²²Si te pones tan nervioso, más tarde te dolerá el estómago... ²³Ya está lista la maleta. ²⁴¿Ves cómo no he tardado nada?

Pedro: ²⁵¡No es posible!

Elvira: ²⁶¿Qué no es posible?

Pedro: ²⁷¡Tu eficacia haciendo maletas!

Elvira: ²⁸¡Cariño, llevo veinte años haciéndote el equipaje!

Pedro: ²⁹¡En el fondo eres estupenda! ³⁰¡No sé lo que haría yo sin ti!

■ 質問 **Preguntas** (解答・音声は→CD-ROM)

1) ¿Por qué no ha tenido Elvira tiempo de hacer el equipaje?
2) ¿Cuándo sale el avión de Pedro?
3) ¿Qué le pasará a Pedro si se pone nervioso?
4) ¿Cuántos años lleva Elvira haciéndole el equipaje a Pedro?
5) ¿Cuánto ha tardado Elvira en hacer el equipaje de Pedro?

Lección 9

■ **文法 Gramática** (解説・音声は→CD-ROM)

1. 過去未来．規則変化

-ar 動詞 **cantar**		-er 動詞 **comer**	
cantar-*ía*	cantar-*ía*-mos	comer-*ía*	comer-*ía*-mos
cantar-*ía*-s	cantar-*ía*-is	comer-*ía*-s	comer-*ía*-is
cantar-*ía*	cantar-*ía*-n	comer-*ía*	comer-*ía*-n

-ir 動詞 **vivir**	
vivir-*ía*	vivir-*ía*-mos
vivir-*ía*-s	vivir-*ía*-is
vivir-*ía*	vivir-*ía*-n

＊「過去のことについての推量」や，「過去から見て未来のこと」を表す．

＊他に婉曲的用法（遠回しな表現・ていねいな表現）や仮定の帰結文に用いられる．

(→☆練習1)

2．過去未来．不規則変化

語根は未来の不規則変化と同じである．

(1) e が消失する動詞	
saber	
sabr-ía	sabr-ía-mos
sabr-ía-s	sabr-ía-is
sabr-ía	sabr-ía-n
同種：**poder, querer**	

(2) 語尾の **e, i** が **d** に変化	
poner	
pondr-ía	pondr-ía-mos
pondr-ía-s	pondr-ía-is
pondr-ía	pondr-ía-n
同種：**tener, salir, venir**	

(3) 語根が短縮する動詞			
hacer		decir	
har-ía	har-ía-mos	dir-ía	dir-ía-mos
har-ía-s	har-ía-is	dir-ía-s	dir-ía-is
har-ía	har-ía-n	dir-ía	dir-ía-n

(→☆練習2)

Lección 9

3．過去未来完了

haber の過去未来(不規則変化)＋過去分詞(無変化)

cantar	
habría cantado	habríamos cantado
habrías cantado	habríais cantado
habría cantado	habrían cantado

＊「過去に完了したことについての推量」や，「過去から見て未来に完了すること」を表す．

＊他に婉曲的用法(遠回しな表現・ていねいな表現)や仮定の帰結文に用いられる．

(→☆練習3)

4．再帰動詞

levantarse	
me levanto	nos levantamos
te levantas	os levantáis
se levanta	se levantan

1) 直接再帰用法と間接再帰用法

- Mi hermana **se miraba** en el espejo.
- **Me lavo** la cara con agua fría.

2) 相互用法
- Últimamente **nos comunicamos** por correo electrónico.

3) 自動詞化用法
- Juana **se pone** nerviosa.

4) 意味の微妙な変化
- Ya **me marcho** dentro de poco.

5) 再帰専用動詞
- ¿De qué **te quejas**? —De nada.

(→☆練習4)

6) 受動態用法
- En la Plaza Mayor **se venden** sellos y monedas.

7) 不定主語用法
- ¿Cuánto **se tarda** de aquí a la estación?

(→☆練習5)

5．ser の受動態

＊主語に合せて性・数が変化する．

- Este edificio **fue construido** hace treinta años.
- La voluntad del pueblo debe **ser respetada**.

Lección 9

■ 練習 Ejercicios 📖 🎧 (解答・音声は→CD-ROM)

1．例のように過去未来を用いて人から言われた内容を話しなさい．

Ejemplo: Llegaré a clase a las nueve en punto.

→ Él me dijo que llegaría a clase a las nueve en punto.

1) **Jugaré** al fútbol todos los días durante las vacaciones.

2) Te **llamaré** por teléfono.

3) **Comeré** en tu casa la semana que viene.

4) Os **escribiré** desde Moscú.

5) **Estudiaré** francés el próximo curso.

6) Te **prestaré** mis apuntes.

7) **Viajaré** por Corea en estas vacaciones.

8) Me **bañaré** en la playa en el verano.

2．太字の動詞を過去未来にしなさい．

1) Yo **decir** (yo) la verdad.

2) Yo que tú, no **hacer** (yo) tal cosa.

3) ¿**Tener** usted la amabilidad de decirme qué hora es?

4) ¿Cuándo **venir** (tú) a casa?

5) Yo en tu lugar, **salir** (yo) más temprano.

6) ¿Tú **saber** contestar a esta pregunta?

7) ¿**Poder** (tú) ayudarme?

8) ¿**Querer** usted trabajar con ellos?

3. 例のように過去未来完了を用いて文を作りなさい.

Ejemplo: Él no ha pagado la cuenta. (tú) → ¿La habrías pagado tú?

1) Él no ha ayudado a su hermano. (tú)
2) Ellos no han enviado el fax. (él)
3) Ellos no han pintado la casa. (vosotros)
4) Él no ha escuchado mi consejo. (ella)
5) Nosotros no hemos aprobado el examen. (vosotros)
6) No hemos terminado el trabajo antes de una semana. (ellos)
7) Hoy no he salido de casa temprano. (tú)
8) Juan no ha preparado bien el examen. (Blanca)

4. 適切な再帰代名詞を入れなさい.

1) _____ levanté a las siete de la mañana.
2) Nosotros _____ divertimos mucho en la fiesta de ayer.
3) Ellos _____ despiertan siempre temprano.
4) Vosotros _____ ayudáis mucho, ¿verdad?
5) Juan y María _____ quieren mucho.
6) Nuestra vecina siempre _____ queja de los precios.
7) _____ voy, porque se está haciendo tarde.
8) Hola, mi nombre es Yolanda. ¿Cómo _____ llamas?

5. 次の質問にスペイン語で答えなさい.

1) ¿Qué lengua se habla en México? (español)
2) Se trabaja para vivir, ¿no crees? (Sí)
3) Aquí no se respetan mucho las reglas de tráfico, ¿no? (No, nada)
4) ¿Cuánto se tarda de aquí a la estación? (unos quince minutos)

Lección 9

5) ¿Cómo **se dice** «arigato» en español? (gracias)
6) ¿En Japón **se da** propina al camarero? (No)
7) ¿**Se alquila** este local? (Sí)
8) ¿Sabes cómo **se prepara** la tortilla española? (No)

■ 西訳 Traducción （解答・音声は→CD-ROM）

1) 君はもっと本を読まなければいけないのではないか．―そうかなあ？（¿Tú crees?）
2) 私が家に着いたときは暗くなっていたので，8 時過ぎだったと思う．―ずいぶん遅かったんだね．
3) その都市は戦争で完全に破壊された．―もう復旧されたんですか？
4) 窓の右に見える大きな山が見えますね．この山は富士という名前です．
5) 君は今朝何時に起きたの？―9時に起きたので，それで(por eso)授業に遅刻して(llegar tarde)しまいました．

■ 観察 Paseando por la calle （写真は→CD-ROM）

1) Prohibido aparcar. Se avisará grúa.
2) Se vende o alquila.

■ 動作 Un poco de movimiento （ビデオは→CD-ROM）

1)
A: ¿Y si nos vamos? ¿Pedimos la cuenta?
B: Sí, *¡camarero!, ¡la cuenta, por favor !*

Camarero: Sí, ahora mismo.

2)

A: *¿Nos llamamos esta tarde?*

B: Vale.

■ 表現 **Cuéntanos tus ideas.** (音声は→CD-ROM)

¿Qué le mostrarías a un amigo extranjero para que conozca la cultura japonesa?

外国の人に日本の生活や文化を紹介して欲しいと頼まれたら，あなたならどこへ連れて行きますか．以下の例を参考に考えてください．また，その理由も話し合ってみましょう．

Por ejemplo:

- **Lo invitaría a mi casa para cenar con mi familia. Creo que conocer la vida diaria de un hogar común y corriente sería muy importante.**

- llevarlo a un restaurante de *sushi*（de *tempura*, de *sukiyaki*）
- subir en un tren lleno de gente en horas punta
- ir de compras al centro de la ciudad
- visitar un templo budista o sintoísta
- asistir a una ceremonia de té
- participar en alguna fiesta local
- visitar el Palacio Imperial
- ver *Kabuki*

Lección 10

１０課 Lección 10

■ 本文 Texto （解説・音声は→CD-ROM）

¹La Plaza Mayor

Tomoko: ²Hace dos meses que no tengo noticias de mi familia. ³¡Ojalá encuentre alguna carta suya al llegar a casa!

Juan: ⁴¿Cuánto tarda una carta desde tu país hasta España?

Tomoko: ⁵Tarda más o menos diez días.

Juan: ⁶Cuando haya escrito tu familia, tienes que avisarme porque me gustaría ver el sello de correos.

Tomoko: ⁷¿Coleccionas sellos?

Juan: ⁸Sí.

Tomoko: ⁹¡Ah!, pues yo puedo darte varios de mi país.

Juan: ¹⁰¡Estupendo, muchas gracias! ¹¹Busco sellos que sean raros, para aumentar mi colección.

Tomoko: ¹²¿Dónde se pueden comprar sellos aquí?

Juan: ¹³Hay muchas tiendas de filatelia y, además, hay mercadillos callejeros donde puedes comprar sellos. ¹⁴En Madrid, por ejemplo, todos los domingos en la Plaza Mayor se venden sellos y monedas. ¹⁵Cuando pases por Madrid, debes visitar esta plaza.

Tomoko: ¹⁶¿Por qué hay en todas las ciudades una Plaza Mayor?

Juan: ¹⁷No en todas las ciudades, pero sí en muchas. ¹⁸La arquitectura de este tipo de plazas siempre es la misma y son típicas de la zona de Castilla, es decir, la parte central de la Península Ibérica. [19]Son plazas que servían como centro vital de las ciudades. [20]Aún hoy en día, en ciudades como Salamanca, son el sitio de reunión, de diversión, zona de compras, etc...

Tomoko: [21]La Plaza Mayor de Salamanca es muy hermosa.

Juan: [22]Sí, es una de las más grandes del país y, quizás, la más bonita.

Tomoko: [23]Juan, lo siento, tengo que marcharme. [24]Ya es tarde.

Juan: [25]No, por favor. [26]Es conveniente que te quedes. [27]Ahora va a venir un amigo mío que es torero. [28]No creo que tarde mucho. [29]Quiero que lo veas, porque te contará cosas sobre el mundo de la tauromaquia.

Tomoko: [30]¿Sí?, entonces me quedo un rato más, aunque tengo mucho que estudiar.

■ 質問 Preguntas　(解答・音声は→CD-ROM)

1) ¿Cuánto tarda una carta desde Japón a España?
2) ¿Quién tiene interés por la filatelia?
3) ¿De qué zona son típicas este tipo de plazas?
4) ¿Cómo es la Plaza Mayor de Salamanca?
5) ¿Qué profesión tiene el amigo de Juan?

Lección 10

■ 文法 Gramática (解説・音声は→CD-ROM)

1. 接続法・現在．規則変化

-ar 動詞 cantar	
cant-*e*	cant-*e*-mos
cant-*e*-s	cant-*é*-is
cant-*e*	cant-*e*-n

-er 動詞 comer		-ir 動詞 vivir	
com-*a*	com-*a*-mos	viv-*a*	viv-*a*-mos
com-*a*-s	com-*á*-is	viv-*a*-s	viv-*á*-is
com-*a*	com-*a*-n	viv-*a*	viv-*a*-n

＊「願望」,「可能性」,「否定」,「疑惑」など，主観的なことを述べる．
＊主に従属節(名詞節，形容詞節，副詞節)の中で用いられる．

- Creo que **viven** aquí.
- No creo que **vivan** aquí.

(→☆練習1)

Lección 10

2．接続法・現在．不規則変化

1) 語根母音変化動詞

pensar		sentir	
p*ie*nse	pensemos	s*ie*nta	s*i*ntamos
p*ie*nses	penséis	s*ie*ntas	s*i*ntáis
p*ie*nse	p*ie*nsen	s*ie*nta	s*ie*ntan

contar		dormir	
c*ue*nte	contemos	d*ue*rma	d*u*rmamos
c*ue*ntes	contéis	d*ue*rmas	d*u*rmáis
c*ue*nte	c*ue*nten	d*ue*rma	d*ue*rman

pedir	
p*i*da	p*i*damos
p*i*das	p*i*dáis
p*i*da	p*i*dan

(→☆練習2)

Lección 10

2）直説法・現在・1人称単数形が o で終わる動詞

conocer	→ conozca	tener	→ tenga
caer	→ caiga	venir	→ venga
oír	→ oiga	hacer	→ haga
traer	→ traiga	decir	→ diga
salir	→ salga	huir	→ huya
poner	→ ponga	ver	→ vea

＊たとえば **conocer,** conozco
→ conozca, conozcas, conozca, conozcamos, conozcáis, conozcan.

3）その他．直説法・現在・1人称単数形が o で終わらない動詞

- **ser** → soy → sea
- **estar** → estoy → esté
- **haber** → he → haya
- **saber** → sé → sepa
- **ir** → voy → vaya
- **dar** → doy → dé

＊次の動詞のアクセント記号に注意．

estar → esté, estés, esté, estemos, estéis, estén.

dar → dé, des, dé, demos, deis, den.

（→☆練習3）

3．接続法・現在完了

haber の接続法現在（不規則変化）＋過去分詞（無変化）

cantar	
haya cantado	hayamos cantado
hayas cantado	hayáis cantado
haya cantado	hayan cantado

（→☆練習5）

■ 練習 Ejercicios （解答・音声は→CD-ROM）

1．太字の動詞（規則変化）を接続法現在の形にしなさい．

1) Es mejor que **callarse** (tú) y **escuchar**.

2) El jefe está siempre ocupado. Es posible que **necesitar** un ayudante.

3) Estoy contento de que me **ayudar** (ellos) siempre.

4) Buscan una secretaria que **hablar** español.

5) No hay mal que cien años **durar**. (Refrán)

6) Trataré de coger un taxi para que nos **llevar** a la estación.

7) Quizás **quedarse** (nosotros) aquí un par de semanas o más.

8) Os recomiendo que **comer** paella en este restaurante.

Lección 10

2．太字の動詞（語根母音変化）を接続法現在の形にしなさい．

1) No le importa lo que **pensar** los demás.

2) Esperamos que él nos **contar** sus experiencias.

3) Siento mucho que no **poder** (vosotros) acompañarme.

4) Os aconsejo que **visitar** España algún día y que **divertirse**.

5) Es necesario que **dormir** (tú) por lo menos siete horas.

6) Después de un viaje tan largo, es natural que **sentir** usted fatiga.

7) Será mejor que **seguir** (nosotros) el mismo camino.

8) Después de aprender la lengua, es lógico que **querer** (ellos) usarla.

3．太字の動詞（不規則変化）を接続法現在の形にしなさい．

1) Quieren que ustedes **conocer** el país cuya lengua están aprendiendo.

2) Quiero que tú **dar** las explicaciones necesarias.

3) Ella desea que **tener** (tú) unas buenas vacaciones.

4) No creo que la casa **estar** bien construida.

5) No hay nadie que **saber** la verdad.

6) Esperamos que así **ser**.

7) ¿Te va bien que **ver**nos (nosotros) el domingo?

8) Espero que la maceta no **caer**se de la ventana.

4．接続法現在形を用いて次の質問に答えなさい．

Ejemplo: ¿Qué te ha aconsejado? (**estudiar** más)

　　　→ Me ha aconsejado que **estudie** más.

1) ¿Qué te han pedido? (**dejar**les dinero)

2) ¿Qué te han propuesto? (**ir** con ellos)

3) ¿Qué te han dicho? (**estar** en su casa a las cinco de la tarde)

4) ¿Qué te han pedido sus amigos? (**ayudar**les)

5) ¿Qué le has dicho a Luisa en la fiesta? (**bailar** conmigo)

6) ¿Qué ha deseado tu madre? ((yo) **volver** a casa pronto)

7) ¿Qué has aconsejado a tus hijos? (**leer** más libros)

8) ¿Qué te han recomendado? (**comer** menos)

5．接続法現在完了を用いて次の質問に答えなさい．

Ejemplo: ¿Cuándo te marcharás? (cuando, (nosotros) **cenar**)

→ Cuando **hayamos cenado,** me marcharé.

1) ¿Cuándo volverás? (cuando, (ellos) **construir** la casa)

2) ¿Cuándo le harás una pregunta? (cuando, (él) **dejar** de hablar)

3) ¿Cuándo veréis la película? (cuando, (nosotros) **terminar** de trabajar)

4) ¿Cuándo irás al mercado? (cuando, (tú) **limpiar** tu cuarto)

5) ¿Cuándo escribirás la carta? (cuando, (él) **contestar**le sinceramente)

6) ¿Cuándo prestarás el libro? (cuando, (yo) **leer**)

7) ¿Cuándo vendrás a jugar al tenis? (cuando, (yo) **terminar** la tarea)

8) ¿Cuándo comprarás la nueva chaqueta? (cuando, (yo) **cobrar** el sueldo)

■ 西訳 Traducción　(解答・音声は→CD-ROM)

1) ああ，遅くなってしまった．(Ah, se nos ha hecho tarde.)ー私たちはタクシーに乗った(coger un taxi)ほうがよいだろう．

2) お母さんはとても嬉しそうだね．ーそうなんだ．子供たちが手伝って

Lección 10

くれるので喜んでいるんだ．
3) 私は友人たちがフランスから帰ってきたのでうれしい．—それはよかったね！(¡Qué bien!, ¿no?)
4) 冬に海岸に行くんだって？(¿Ir a la playa en pleno invierno?) 彼がそのようなことを約束したなんて変だなあ(Me extraña que...).
5) 私の父は来年アメリカに行くかもしれません．—ご家族も一緒ですか？(¿Va acompañado de su familia?)

■ 観察 **Paseando por la calle**　（写真は→CD-ROM）

1) Bici (=bicicleta)
2) Atención, al entrar y salir usar el mando, gracias.

■ 動作 **Un poco de movimiento**　（ビデオは→CD-ROM）

1)

A: ¿Qué harás esta tarde?

B: ¿Y qué quieres que haga, teniendo examen mañana? Pues, *hincar los codos*.

2)

A: ¡Ojalá apruebes el examen！

B: Sí, *toco madera*.

Lección 10

■ 表現 **Cuéntanos tus ideas.** 🎧 (音声は→CD-ROM)

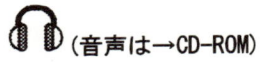

¿Qué piensas del futuro de la Tierra?

今の社会に対する不満，あるいは将来への不安や希望を述べましょう．

Por ejemplo:

- **Es muy grave que no haya suficiente dinero para vacunar a todos los niños.**
- Me parece injusto que ...
- horrible, peligroso, increíble, probable, una vergüenza, muy grave, importante, necesario
- Temo que ...
- No entiendo que ...
- Espero que ...

■ 鑑賞 **Escuchemos la música.** 📖 🎧 (歌詞・音声は→CD-ROM)

CAMPANAS DE BELÉN

107

１１課 Lección 11

■ 本文 Texto 📖 🎧 (解説・音声は→CD-ROM)

[1]Tauromaquia

Alejandro: [2]Hola, Juan. [3]Perdona por el retraso. [4]Cuando salía de casa, me llamó mi apoderado.

Juan: [5]No te preocupes. [6]Esta es mi amiga, Tomoko.

Alejandro: [7]¿Qué tal?

Tomoko: [8]Encantada.

Alejandro: [9]¿Tú eras la que quería saber cosas sobre los toros?

Tomoko: [10]Sí, tengo mucho interés en tu país y, por lo tanto, también en la tauromaquia.

Juan: [11]Anda, cuéntale algunas cosas sobre los toros y enséñale algunas fotos, Alejandro. [12]Bueno, sentaos y hablad tranquilos.

Alejandro: [13]¿Has estado alguna vez en una corrida de toros?

Tomoko: [14]No, nunca. [15]Sólo he visto alguna por televisión.

Alejandro: [16]Lo primero que tienes que hacer es ir a una plaza de toros. [17]Al principio, si no conoces la fiesta, piensas que es una barbaridad. [18]De cualquier manera hay que saber que la tauromaquia es un arte y el arte muchas veces puede ser incomprensible.

Tomoko: [19]¿Pero cómo puede haber arte en la crueldad con los animales?

Alejandro: [20]En la plaza se enfrentan un hombre y un animal que tiene una increíble fuerza. [21]El torero y el toro crean ese arte que es uno de los mayores derroches de belleza visual, belleza en el enfrentamiento y en la muerte, que ha inspirado a pintores, a escritores, a artistas de todas las épocas. [22]Te traigo este libro, que trata sobre el tema. [23]Ten, aquí tienes, léelo, por favor. [24]Mira, este de aquí soy yo. [25]Espero que te guste y también espero que vengas a verme torear la semana que viene. [26]Toma, una entrada para ti y otra para Juan.

Juan: [27]Tomoko, debes saber que hay muchos españoles que piensan que la fiesta es cruel, sin embargo creo que cuando vayas a una plaza de toros, te gustará.

Tomoko: [28]No sé. [29]Espero que así sea.

■ 質問 **Preguntas** (解答・音声は→CD-ROM)

1) ¿Por qué llegó tarde Alejandro?
2) ¿Ha estado alguna vez Tomoko en una corrida de toros?
3) ¿En qué consiste una corrida de toros?
4) ¿Cuándo torea Alejandro?
5) ¿A todos los españoles les gustan las corridas de toros?

Lección 11

■ 文法 Gramática （解説・音声は→CD-ROM)

1. 肯定の命令文

人称	単数	複数
1人称	なし	接続法現在
2人称	**命令形**	**命令形**
3人称	接続法現在	接続法現在

＊命令形の作り方
a) tú → 直説法現在3人称単数と同じ．例：**¡Canta!**
b) vosotros → 不定詞の r を d にする．例：**¡Cantad!**

（→☆練習1)

＊その他は接続法を用いる．
＊代名詞（直接目的語・間接目的語・再帰代名詞）は直接後につける．

- **Escríbeme.**
- 注意：**Levantémonos.** ×Levantémos̲nos.
- 注意：**Levantaos.** ×Levanta̲d̲os.

（→☆練習2, 3)

2. 肯定の命令形．不規則変化

＊tú に対する命令形

poner	→ pon	**hacer**	→ haz
tener	→ ten	**decir**	→ di
venir	→ ven	**ir**	→ ve
salir	→ sal	**ser**	→ sé

(→☆練習4)

3. 否定の命令文

＊すべて接続法を用いる．
＊代名詞（直接目的語・間接目的語・再帰代名詞）は前に離してつける．

- No lo pongas aquí.
- No se quede allí.

(→☆練習5)

4. 数詞．1001 から 100 万まで

- 1.001   **mil uno**
- 2.000   **dos mil**
- 3.000   **tres mil**
- 10.000   **diez mil**
- 11.000   **once mil**
- 100.000   **cien mil**
- 200.000   **doscientos mil**

Lección 11

- 300.000   **trescientos mil**
- 400.000   **cuatrocientos mil**
- 500.000   **quinientos mil**
- 600.000   **seiscientos mil**
- 700.000   **setecientos mil**
- 800.000   **ochocientos mil**
- 900.000   **novecientos mil**
- 1.000.000   **un millón**

■ 練習 Ejercicios （解答・音声は→CD-ROM）

1. 肯定の命令形（規則変化／母音変化）を作りなさい．

1) **Apagar** (tú) la televisión.

2) **Esperar** (tú) un poquito más.

3) **Escoger** (tú) los libros que más te gusten.

4) **Cerrar** (vosotros) la ventana.

5) Está saliendo el tren. **Subir** (vosotros) pronto.

6) **Escribir** (nosotros) una carta a nuestro profesor.

7) **Escuchar** (nosotros) la radio.

8) **Tomar** (nosotros) café.

2. 肯定の命令文(usted, ustedes, nosotros)を作りなさい．

1) Ya son las once. **Acostarse** usted y que **pasar** una buena noche.

2) Cuando termines este libro, **avisarme** (tú).

Lección 11

3) **Venir** (vosotros) lo más pronto posible.
4) Mañana **levantarse** (vosotros) temprano.
5) **Hacer** (usted) el favor de subir esta maleta.
6) **Hacerme** (ustedes) caso y no **salir** sin abrigo.
7) **Quitarse** (ustedes) los zapatos, por favor.
8) **Olvidarse** (usted) de eso.

3．例のように代名詞を用いて肯定の命令文を作りなさい．

Ejemplo: ¿Quieres **limpiar** tu habitación? → **Límpiala.**

1) ¿Quieres **escribirle** una carta a Pepe?
2) ¿Quieres **comer** un bocadillo?
3) ¿Queréis **lavaros** las manos?
4) ¿Quiere Ud. **abrir** la ventana?
5) ¿Quieren Uds. **ayudar** a los niños de África?
6) ¿Queréis **quedaros** en esta ciudad?
7) ¿Quiere Ud. **leer** este periódico?
8) ¿Quieres **tomar** una cerveza?

4．肯定の命令形（不規則変化）を作りなさい．

1) **Poner** (tú) estas cajas sobre la mesa.
2) **Tener** (tú) mucho cuidado. Se oye hablar de tantos accidentes que ocurren aquí...
3) **Venirse** (tú) a mi casa y comeremos.
4) **Decirme** (tú) la verdad, por favor.
5) ¡Están tocando a la puerta! **Ir** (tú) a ver quién es.
6) **Hacerme** (tú) un favor.

Lección 11

7) Si estás cansada, **salir** (tú) un poco de casa para dar un paseo.

8) ¡**Ser** (tú) feliz para siempre!

5．例のように否定の命令文を作りなさい．

Ejemplo: Mira estas flores. **Regálaselas** a tu novia.

　　　→ **No se las regales.**

1) Mira estos zapatos. **Cómpratelos.**

2) Mirad estas camisas. **Laváoslas.**

3) **Marchaos.**

4) **Llámame** esta tarde.

5) La puerta está cerrada. **Ábresela** al señor.

6) Le gusta este CD. **Préstaselo.**

7) Es desagradable. **Olvídalo.**

8) Mira este sombrero. **Póntelo.**

■ 西訳 Traducción （解答・音声は→CD-ROM)

1) もう遅いから寝なさい．—まだ，眠くないのに…(Pero si todavía no tengo sueño...)

2) どうかここでしばらくお待ちください．

3) どうぞこちらへお通りください．—ご親切にどうもありがとうございます. (Gracias, muy amable.)

4) はさみ(las tijeras)を子供たちのそばに(cerca de)置かないで．—どこに置こうか？(¿Dónde las pongo?)

5) マドリードの人口はおよそ(aproximadamente)400 万人です．—それなら，スペイン全体の人口の 10 分の 1 だ．

Lección 11

■ 観察 **Paseando por la calle**   (写真は→CD-ROM)

1) Mantenimiento, culturismo, aerobic - jazz, masaje, sauna.

2) Perritos calientes, hamburguesas.

■ 動作 **Un poco de movimiento**   (ビデオは→CD-ROM)

1) (**A** está dormido.) (**B** habla en voz alta.)

C: Habla bajito, que *está dormido*.

2)

A: (Hablando por teléfono)

B: Venga, Luis, *corta el rollo* ya...

A: Sí, sí...

■ 表現 **Cuéntanos tus ideas.**   (音声は→CD-ROM)

¡Hagamos carteles para proteger la Tierra!

社会のマナーの向上や環境問題に関わるポスターを作りましょう.

Por ejemplo:

- **¡Ten confianza en tus hijos! ¡Ten confianza en tus padres!**
- **¡No lo tires aquí! ¡Esto no es un basurero!**
- ser amable con los ancianos
- no fumar delante de los demás
- no usar el teléfono móvil en el tren
- entender los problemas de los minusválidos
- plantar árboles
- no tirar el aceite por el desagüe
- montar en bicicleta

Lección 12

１２課 Lección 12

■ 本文 Texto 📖 🎧 (解説・音声は→CD-ROM)

[1]Carta de Tomoko

[2]Salamanca, 5 de junio de 2001

[3]Querida Elvira:

[4]Creo que ésta será la última carta que te escriba desde esta ciudad. [5]Me voy de aquí dejando parte de mi corazón entre todos mis amigos españoles. [6]Sé que volveré porque nunca podré olvidaros, al igual que no me olvidaré de la belleza de este país. [7]Me costará acostumbrarme a teneros lejos, sobre todo a ti y a Juan.

[8]A propósito de Juan, ¡no te imaginas lo que me hizo! [9]Me dijo que me llamaría; así que me pasé el domingo pendiente del teléfono. [10]Lo cierto es que, aunque la cultura hispana me interese mucho, algunos españoles a veces suelen ser un poco impuntuales e informales. [11]No es por criticar, pero algo de eso hay. [12]El lunes por la mañana le llamé yo, y me dijo que se le había olvidado que teníamos una cita; también me dijo que si yo le hubiera llamado, él no se habría olvidado de la cita. [13]¿A ti te parece normal?

[14]Creo que dentro de poco volveré a mi país, aunque antes tengo 999 asuntos pendientes. [15]Cuando llegue, estaré un tiempo con mi familia y después viajaré por América del Sur. [16]Me gustará poder hablar español

en un sitio tan lejano de Europa. ¹⁷Cuando comencé a vivir en España todo el mundo me aconsejaba que viviera como una española más. ¹⁸Así lo he hecho y he aprendido mucho sobre cómo vive la gente en este país. ¹⁹Dentro de poco haré lo mismo en un país americano. ²⁰Creo que, aunque esté en un país de habla hispana, encontraré un millón de peculiaridades y de elementos culturales que nada tendrán que ver con lo esencialmente español. ²¹De todas formas, siempre estaré en contacto contigo.

²²Muchas gracias por tu amistad y por todo lo que me has enseñado sobre tu país y tu idioma. ²³Espero poder devolveros pronto vuestra hospitalidad en Japón y me gustaría que llevases a cabo tu propósito de estudiar japonés. ²⁴Es un idioma hermoso y te permitirá conocer mejor un país fascinante. ²⁵Un abrazo.

Tomoko

質問 Preguntas (解答・音声は→CD-ROM)

1) ¿Qué ocurrió el domingo?
2) ¿Cuáles son los planes de Tomoko?
3) ¿Cuál es, según Tomoko, el peor defecto de los españoles?
4) ¿Cuál es el propósito de Elvira?
5) ¿Por qué estudias una lengua extranjera?

Lección 12

■ 文法 Gramática （解説・音声は→CD-ROM)

1. 接続法・過去．規則変化

-ar 動詞 **cantar**		-er 動詞 **comer**	
cant-*ara*	cant-*ára*-mos	com-*iera*	com-*iéra*-mos
cant-*ara*-s	cant-*ara*-is	com-*iera*-s	com-*iera*-is
cant-*ara*	cant-*ara*-n	com-*iera*	com-*iera*-n

-ir 動詞 **vivir**	
viv-*iera*	viv-*iéra*-mos
viv-*iera*-s	viv-*iera*-is
viv-*iera*	viv-*iera*-n

＊直説法点過去3人称複数形と同じ語幹である．

＊直説法の点過去，線過去，過去未来に対応する．

- **Creí** que **llegaba / llegó / llegaría** él.
    → **No creí** que **llegara** él.

2．接続法・過去．不規則変化

＊直説法点過去3人称複数形と同じ語幹である．

例：**dormir** > **durm**ieron		例：**tener** > **tuv**ieron	
durmiera	**durm**iéramos	**tuv**iera	**tuv**iéramos
durmieras	**durm**ierais	**tuv**ieras	**tuv**ierais
durmiera	**durm**ieran	**tuv**iera	**tuv**ieran

(→☆練習1, 2)

3．接続法・過去完了

haber の接続法・過去(不規則変化)＋過去分詞(無変化)

cantar	
hubiera cantado	hubiéramos cantado
hubieras cantado	hubierais cantado
hubiera cantado	hubieran cantado

＊直説法の過去完了と過去未来完了に対応する．
- Creí que **había llegado** / **habría llegado** él.
  → No creí que **hubiera llegado** él.

(→☆練習3)

4. 接続法・過去 se 形

-ar 動詞 **cantar**		-er 動詞 **comer**	
cant-*ase*	cant-*áse*-mos	com-*iese*	com-*iése*-mos
cant-*ase*-s	cant-*ase*-is	com-*iese*-s	com-*iese*-is
cant-*ase*	cant-*ase*-n	com-*iese*	com-*iese*-n

-ir 動詞 **vivir**	
viv-*iese*	viv-*iése*-mos
viv-*iese*-s	viv-*iese*-is
viv-*iese*	viv-*iese*-n

5. 条件文

1) 直説法の条件文：現実的なことを仮定する．
- Si no **consigo** una beca, **necesitaré** trabajar este año.
- Si **has terminado** el libro, **préstamelo**.

2) 接続法過去・過去完了の条件文：非現実的なことを仮定する．
a) Si +接続法過去, 過去未来
- Si yo **fuera** profesor, **enseñaría** de otra manera.

(→☆練習3)

b) Si +接続法過去完了, 過去未来完了
- Si me **hubieras llamado**, no me **habría olvidado** de la cita.

(→☆練習4)

6．願望文

1) **¡Ojalá (que) / Que** + 接続法現在・現在完了：実現の可能性がある．

- ¡Que **tenga** buena suerte!
- ¡Ojalá que **hayan pasado** todos los exámenes!

2) **¡Ojalá (que) / Que** +接続法過去・過去完了：実現の可能性がない．

- ¡Ojalá que ellos me **vendieran** esa casa!
- ¡Ojalá que **hubieras aprendido** español el año pasado!

(→☆練習5)

■ 練習 **Ejercicios** (解答・音声は→CD-ROM)

1．次の文の太字の動詞を接続法過去形に変えなさい．

1) Mi padre me dijo que **leer** más libros.
2) Me alegraba de que le **ayudar** (vosotros) siempre a vuestro padre con su trabajo.
3) Es probable que **llegar** (ellos) anteayer.
4) Por lo menos, **deber** (tú) aprender dos lenguas extranjeras.
5) No había quien **atreverse** a salvarle.
6) Me siento muy animado, como si dentro de mí **actuar** una nueva

Lección 12

fuerza.

7) Llamé por teléfono al hotel para que nos **reservar** (ellos) la habitación.

8) Le molestó que ellos no le **apoyar** (ellos) cuando más lo necesitaba.

２．例のように接続法過去の文に変えなさい．

Ejemplo: Creí que **comió** aquí. → No creí que **comiera** aquí.

1) **Creí** que **perdía** tu equipo.

2) **Creí** que **ganaron** mucho dinero.

3) **Sabía** que **buscabas** trabajo.

4) **Creí** que **escuchabas** música esta tarde.

5) **Pensaron** que **estarías** en casa.

6) **Sabía** que **eras** estudiante.

7) **Estaba seguro de** que **tenías** este libro.

8) **Me imaginaba** que usted **vivía** en Japón.

３．例のように条件文を作りなさい．

Ejemplo: Si **tengo** un libro, lo **leo**. → Si **tuviera** un libro, lo **leería**.

1) Si **tengo** sitio en el coche, **puedes** venir.

2) Si Mario **llama** a Rosita por teléfono, ella **viene**.

3) Si te **pones** ese vestido, **estás** elegante.

4) Si **vais** a la entrevista de trabajo, **conseguís** el trabajo.

5) Si no **fumas** tanto, no **toses**.

6) Si no **veis** la televisión, **tenéis** más tiempo.

7) Si **vienes** en metro, **es** más barato.

8) Si **vas** al médico, **te curas** pronto el resfriado.

Lección 12

4．例のように文を完成させなさい．

Ejemplo: Si **hubiera tenido** dinero, (**comprar** el coche rojo).

→ Si **hubiera tenido** dinero, **habría comprado** el coche rojo.

1) Si ella **hubiera ido** al médico, (no **estar** enferma).

2) Si **hubieras comido** más de pequeño, (**ser** más alto).

3) Si **hubierais hecho** ejercicio todos los días, (**ir** a la Olimpiada).

4) Si **te hubieras vestido** elegantemente, (**encontrar** trabajo).

5) Si me **hubieras avisado**, (**ir** a buscarte al aeropuerto).

6) Si **hubiéramos tomado** el autobús, (**llegar** antes a la universidad).

7) Si **hubieran llegado** antes, (**presentar**les a mi amiga Loli).

8) Si **hubieras tomado** nota, (no **olvidar** el teléfono de Juan).

5．例のように接続法過去完了の文を作りなさい．

Ejemplo: No **he conseguido** ganar el partido de tenis.

→ Ojalá lo **hubieras conseguido**.

1) Nunca **han estado** en Madrid.

2) No **hemos sacado** ninguna foto en el viaje.

3) No **he podido** ir al cine contigo.

4) El supermercado **había cerrado** cuando yo llegué.

5) Yo no **he leído** «Cien años de soledad».

6) No **tuvo** tiempo de visitar el Museo del Prado.

7) No **encontré** el diccionario que tú querías.

8) **Estaba lloviendo** y no **fui** al partido de fútbol.

Lección 12

■ 西訳 Traducción (解答・音声は→CD-ROM)

1) 先生は私に少なくとも2つの言語を学ぶようにと勧めた．―先生は正しいと思うよ．(Creo que tiene razón.)
2) 私は彼らが費用を節約してくれたのでうれしかった．―へえ，どのようにしたの？(Ah, ¿sí? ¿Sabes cómo lo hicieron?)
3) カルロス(Carlos)はまるで仕事を全部終えたかのような気持ちになって幸せな気分であった．
4) いつかみんなで一緒にスペインを旅行できたらいいのに！―そうだといいね！(¡Ojalá!)
5) きれいな空気(aire puro)がなくなったら地球(la Tierra)はどうなるのだろうか？―環境(el medioambiente)を大切にしなければいけないね(cuidar)．

■ 観察 Paseando por la calle (写真は→CD-ROM)

1) Piso piloto.
2) Se ruega no jugar a la pelota.

■ 動作 Un poco de movimiento (ビデオは→CD-ROM)

1)
A: ¡Qué bien, llegaste a tiempo!
B: Sí, pero *faltó esto* para que perdiera el tren.

Lección 12

2)

A: Umm, en verano me gustaría que fuéramos a la Costa del Sol.

B: ¡Uff! ¿Con la *cantidad de gente* que habrá allí?

■ 表現 **Cuéntanos tus ideas.** 🎧 (音声は→CD-ROM)

¡Si yo fuera millonario/a!
¡Si me tocara la lotería (una quiniela, etc.)!

現在のあなたとは異なる状況に置かれた場合，あなたの考え方や感じ方はどのように変わってくるでしょうか．例として以下に挙げたような状況を想像して文を完成させ，異なる人の立場を理解しましょう．

Por ejemplo:

- **Si yo fuera millonario/a, viajaría por todo el mundo.**
- Si fuera hombre / mujer, ...
- Si tuviera un poder político muy fuerte, ...
- Si no fuera japonés / japonesa, ...
- Si pudiera emplear la magia, ...
- Si necesitara un trasplante de corazón, ...
- Si hubiera nacido en la época de la Segunda Guerra Mundial, ...
- Si hubiera nacido en la Edad Media, ...

■ 鑑賞 **Escuchemos la música.** 📖 🎧 (歌詞・音声は→CD-ROM)

　　　FONSECA

制作：東京大学スペイン語部会
制作代表：上田博人
制作スタッフ：青砥清一，網野徹哉，木村秀雄，斎藤文子，四宮瑞枝，高橋均，竹村文彦，山田敏之（朝日出版社）
Luis Cebollada, Alfredo López Pasarín, Javier Llano, Inmaculada Martínez, Antonio Ruiz Tinoco, Rumi Tani Moratalla
制作協力：Ministerio de Cultura (España, 1995)
CD-ROM 制作協力：図書印刷株式会社

■（株）朝日出版社は，CD-ROM を使用した結果生じた障害，損害，もしくはその他いかなる事態にも一切の責任は負いません．

CD-ROMで学ぶ初級スペイン語

©2000年10月31日　初版発行
　2005年 3月31日　第3刷発行

編　者	東京大学スペイン語部会
発行者	原　雅久
発行所	朝日出版社
	〒101-0065 東京都千代田区西神田3-3-5
	電話03（3263）3321
	FAX03（5226）9599
	振替口座00140-2-46008
	http://www.asahipress.com/
印刷・製本	図書印刷

ISBN 4-255-00041-7 C0087　　Printed in Japan

本書の一部あるいは全部を無断で複写複製(コピー)することは、法律で認められた場合を除き、著作者および出版社の権利侵害となります。あらかじめ小社に承諾をお求めください。

〈定価はカバーに表示してあります〉
〈落丁・乱丁本はお取り替えします〉